瓜生 中［著］

仏教入門

インドから日本まで

大法輪閣

仏教入門 ―インドから日本まで 【目 次】

Part.1 釈迦

Part.2 大乗仏教

Part.3 日本仏教

Part.4　仏教と習俗

●装丁／古川文夫（本郷書房）

part.1
釈迦

―1 仏教以前―

釈迦以前のヴェーダ教（バラモン教）と六師外道

ヴェーダ教（バラモン教）の時代

インドでは紀元前二〇〇〇年を中心にした約一〇〇〇年間、インダス河流域にインダス文明が栄えた。この文明が後世のヒンドゥー教に関係のあると思われる宗教をもっていたことは出土品から明らかにされている。しかし、このインダス文明は紀元前一五〇〇年ごろ忽然《こつぜん》と姿を消してしまう。

一方、インドには古くからムンダ人、ドラヴィダ人といった民族がいたが、紀元前一五〇〇年ごろ西方から侵入してきたアーリア人によって、これらの民族は征服され隷属《れいぞく》するようになった。アーリア人はヨーロッパに起源をもつ民族で、ある時期に分裂して一部は東進してヒンドゥー・クシュ山脈を越えてインドに侵入し、他の一部は西進してイラン方面に侵入したといわれている。

かれらは古くから独自の宗教をもっていた。西北インドに侵入したアーリア人はインド最古の聖典といわれるリグ・ヴェーダをつくり、それを中心とする宗教を成立させた。この宗教は自然崇拝を軸にした多神教だった。

かれらはさらに東進をつづけ、ガンジス河とヤムナー河との中間に位置する肥沃な土地に定住して後世のインド文化の基盤となる豊かな文化を築き上げた。

紀元前一〇〇〇年ごろまでにはリグ・ヴェーダにつづくサーマ・ヴェーダ、ヤジュル・ヴェーダ、アタルヴァ・ヴェーダの三ヴェーダが成立した。さらに紀元前八〇〇年から五〇〇年ごろの間にはヴェーダの解釈学であるブラーフマナ文献や、哲学書のウパニシャッドなどがつくられた。

このようなヴェーダを中心とする宗教はヴェーダ教ともバラモン教ともいわれ、のちのヒンドゥー教の基礎となったのである。つまり、現在のヒンドゥー教は七世紀から一〇世紀ごろに、このヴェーダ教（バラモン教）の復興というかたちで発達したものである。

この時代にはまた階級分化も進み、司祭階級たるバラモン、武士・王族階級のクシャトリヤ、庶民階級のヴァイシュヤ、そして奴隷階級のシュードラというカーストの原型も成立した。そして当時はヴェーダにのっとって祭式を厳格に営むことが重要視され、その祭式を司る司祭階級のバラモンが尊崇され勢力を誇った。

時代が下るとアーリア人たちはさらに東進して勢力を拡大していった。それにともなって、勢力争いもしだいに顕著になった。ここに武士階級が台頭し、かれらを中心とする独裁的な王国があらわれるようになる。そのためバラモン階級は実質的に王族に次ぐ地位に甘んじることになった。

また一方で土着のドラヴィダ人などとの混血も進んだ結果、初期の北インドのアーリア文化とは異なる王族中心の文化が中インドで展開されるに至った。思想・宗教面でもヴェーダ時代とは異質のものがつぎつぎと出現した。仏教もこのような時代背景のもとにあらわれたのである。

六師外道——釈迦と同時代の宗教

釈迦が活躍したのは紀元前六世紀ごろである。この時代、ヴェーダを信奉する伝統的な宗教者はバラモンと呼ばれていた。一方、ヴェーダの権威を認めない新しいタイプの宗教者が出現した。かれらは沙門《しゃもん》と呼ばれ、独自の思索のうちに今までにない思想・宗教を展開していったのである。仏教の開祖釈迦もこの沙門のひとりだった。

さて当時の沙門として仏典には六人の名があげられている。かれらは六師外道《ろくしげどう》と称され、当時の有名を馳せた宗教家たちで、おのおの、大規模な教団の師として信者をひきいていた。

外道とは仏教から見た異端、仏教以外の宗教を信ずるものの意味である。

六師外道とは、つぎの六人である。

プーラナ・カッサパ

マッカリ・ゴーサーラ
アジタ・ケーサカンバリン
パクダ・カッチャーヤナ
サンジャヤ・ベーラッティプッタ
ニガンタ・ナータプッタ

かれらの関心は善悪の行為が報い（結果）をもたらすかどうかにあり、それを追求してそれぞれ一派を形成した。

プーラナ・カッサパは、シュードラ（奴隷）階級に生まれた裸形《らぎょう》の苦行僧で、無道徳論者といわれ、「殺人や盗みを働いても罪にはならず、逆に、いくら善行を積んでもその報いを受けることもない。すなわち、善悪の行為はあとに何ら結果をもたらさない」と主張した。

マッカリ・ゴーサーラは宿命論的自然論者といわれる。かれは仏教やジャイナ教などとならんで有力な宗教に発展したアージーヴィカ教（邪命《じゃみょう》外道）の開祖で、「人は八四〇万大劫というとてつもなく長い時間を経なければ、輪廻の苦しみから脱することはできない。その間は、いかなる苦行や努力も報われない」という徹底した宿命論を説いた。しかしかれは実践的には厳格な苦行者であり、人間の負わされた宿命のために退廃的な悲観論者になることはなかった。むしろ宿命論を説くことで、人間の運命の本質的平等を強調したのである。アージーヴィカ教も厳しい苦行者からなる教団であった。

アジタ・ケーサカンバリンは唯物論者である。かれは地・水・火・風の物質的な四元素のみが実在し、精神的なものをいっさい認めない。「人間もまたこの四元素で構成され、死とともに四元素は消滅して無に帰する。死後に霊魂など何ひとつ残ることはない」と主張し、輪廻《りんね》や業《ごう》などいっさいの因果関係を認めない。したがって道徳的行為はまったく無益であるという。このような思想に立脚するところから、かれは実践面では快楽論者となった。かれの唯物論はその後もインド思想に継承され、ローカーヤタという一派を形成し、この派はのちにチャールヴァーカと呼ばれるようになった。

パクダ・カッチャーヤナは無因論的感覚論者といわれる。かれは地・水・火・風の物質的四元素のほかに精神的な苦・楽・生命を加えた七要素の実在を認める。そしてこれら七つの要素は互いに独立した永遠不滅の存在であると主張する。すなわち「人間の個体は生死をくりかえす。すなわち発生と消滅をくりかえすが、それは七つの要素の離合集散にすぎず、独立した七つの要素は永遠に存在する。ゆえに、人を殺しても刃物は七要素の間隙を通過したにすぎない。殺人は成立しない」と説く。

サンジャヤ・ベーラッティプッタは懐疑論者である。かれは人間の知識に普遍的な妥当性を認めず、来世や善悪の業など形而上の問題については確実な答えを出すことはできない、と考えた。そしてこのような問題に関してはあえて曖昧な答えしかせず、けっして確定的な解答を出さなかった。そして、ひたすら修行することによってのみ解脱が達成できるとした。かれもかなり大規模な教団を組織しており、釈迦の十大弟子のうちサーリプッタ（舎利弗《しゃりほつ》）とモッガラーナ（目犍連《もっけんれん》）の二人は、はじめかれの弟子だったが、のちに門下をひきいて釈迦の弟子となったという。

最後にニガンタ・ナータプッタは、現在もインドで勢力をもつジャイナ教の開祖マハーヴィーラである。ニガンタとは「束縛を離れた」という意味であるが、古くから身体の束縛を離れて真の解脱を目指す苦行者たちがニガンタ派を形成していた。マハーヴィーラは王族の家系に生まれ、結婚もしたが、三〇歳で出家してこの派にはいり、苦行の末に解脱を達成して勝者（ジナ）になった。以降、この派はジナの形容詞形をとってジャイナ教と呼ばれて現在に至っている。ジャイナ教ははなはだしい禁欲主義・苦行主義で、身体の束縛を離れるために苦行によって死に至ることが理想とされ、また殺生を厳しくいましめる。ジャイナ教は仏教とほぼ同時にインドにあらわれ、並行して教団を発展させてきた。そのため教理などにも仏教と共通する点が多い。現在、インドには四五〇万人ほどのジャイナ教徒がいるという。

マハーヴィーラ像

外道ということば

外道《げどう》は、サンスクリット語ではティールタカといい、元来は隠者《いんじゃ》を意味する。これが仏教にとり入れられて、仏教以外の宗教・哲学をあらわすことばとして使われるようになった。また道理にはずれた教え、あるいはそれを説く人の意味にもなり、悪い意味になった。

これが日本で民間に広がると、邪悪な心をいだくもの、邪悪なもの、一種の魔物などを意味するようになった。地方によっては、ある特定の家系に憑依する霊を外道神といい、犬神などと同様、一種の悪霊とされて忌み嫌われた。魚釣りでも、目的以外の魚のことを外道というが、語源はここにある。

六師外道は、釈迦の時代に行なわれた有力な六つの思想を示したものであるが、このほかにも当時、伝統的なバラモンの宗教にとらわれないさまざまな思想が展開されており、一説には六二の異説があったという。

釈迦が出現して仏教を創始したのは、まさにこのような自由思想が華々しく展開されていた時代だったのである。

―― 2 釈迦の実在 ――

考古学が明らかにした釈迦の実在

釈迦は「釈迦族出身の尊い聖者」という意味

「お釈迦さま」などといわれて親しまれている釈迦は、ともすれば伝説上の偉人のように思われがちである。しかし、今日までの研究の結果、歴史上の人物であったことが判明している。

もちろん仏教徒の間では古くから実在していたことが信じられていたが、それが学問的に実証されたのは一九世紀になってからである。釈迦はくわしくは釈迦牟尼世尊《しゃかむにせそん》などと呼ばれている。釈迦というのはかれが属していた種族、シャーキャ（釈迦）族、牟尼は聖者、世尊は貴人の意味である。つまり釈迦のフルネームは釈迦族出身の尊い聖者ということになる。そして釈迦牟尼世尊を略して釈尊といったり、単に釈迦といったりしているのである。

釈迦の国についての二つの文献

釈迦族は現在のネパールとの国境付近に小国を築いていた。釈迦はその国の王子として生まれたことが文献などに語られている。

これについては、五世紀から七世紀にかけて仏跡巡拝の旅をした法顕《ほっけん》三蔵や玄奘《げんじょう》三蔵（→三蔵法師）も言及している。玄奘三蔵の『大唐西域記《だいとうさいいきき》』によると、釈迦族の国は周囲四〇〇〇余里（約一七五キロメートル）、首府をカピラヴァストゥという。首府の周囲は一四〜五里で、煉瓦づくりの堅固な城壁が連なる都であったという。しかし、法顕の著した『法顕伝』によれば、玄奘よりもはるか以前に法顕が訪れたときにカピラヴァストゥはすでに廃墟と化して人跡まれであったという。法顕は見聞したままを伝えたのに対して、玄奘は文献資料などをも加味して釈迦在世当時のようすを再現して伝えたものと思われる。

アショーカ王碑文とペッペが発掘した舎利壺

そしてこの人跡まれな釈迦誕生の地にふたたび耳目が向かうのは、法顕や玄奘が訪れてから一〇〇〇年以上ののちのことであった。近世になってイギリスの統治下に置かれたインドでは、インド駐在のイギリス人の手によって遺跡の調査などが盛んに行なわれるようになった。そして一九世紀の終わりに、この地が釈迦の生地であったことを明らかにする考古学的資料が出土し、これによって釈迦が歴史上の人物であることが学問的に実証されたのである。

考古学的資料のひとつは、釈迦誕生の地ルンビニーで発見されたアショーカ王の碑文の断片である（→聖徳太子）。

碑文には「この地で釈迦族の聖者仏陀が誕生された」という主旨の文がはっきりと読み取れた。紀元前三世紀ごろに建てられたアショーカ王の碑文は、インド古代史上もっとも信頼性の高い資料として評価されている。したがって上記の碑文は釈迦が実在した有力な物証になった。

さらに一八九八年には、フランス人ペッペが、カピラヴァストゥから約一三キロメートル離れたピプラーワーというところで古墳を発見した。ペッペがその古墳を発掘したところ、中には大石棺があり、金・銀・宝石などの副葬品とともに骨片を納めた数個の骨壷があった。そしてその骨壷のひとつにはマガダ語というインドの古代文字で「この貴い仏陀の舎利壷《しゃりつぼ》は妻子姉妹とともに、釈迦族の同胞が、信心をもって寄進するところである」と記されていた。

釈迦は中インドのクシナガラというところで最期をむかえて、在俗の信者の手によって荼毘《だび》にふされた。このとき多くの種族が釈迦の葬送にかかわったが、遺骨の共有をめぐって種族間で争いが起きないように、長老たちが遺骨を八つの種族に分けたと経典は伝えている。そしてその中のひとつはカピラヴァストゥから来た釈迦族の使者に託され、故郷に持ち帰られたというのである。そのときに持ち帰られた舎利壷こそがペッペの発見したものにほかならなかった。ペッペの発見はまさにこの経典の記述を実証するものとなったのである。

釈迦の生年は北伝と南伝で大きく違う

釈迦が実在の人物であることは今述べたとおりである。それでは釈迦はいつごろの人なのであろうか。実は釈迦の生存年代については古くから諸説があり、現在までの研究では正確な年代は確定できないのが現状である。

インドで興起した仏教は、北の経路を通って中国、朝鮮半島を経て日本に伝えられ、また南のセイロン島を経由してタイやビルマなどに伝えられた。前者を北伝仏教、後者を南伝仏教と呼んでいるが、両者にはそれぞれ異なった伝承が伝えられている。そのため釈迦の在世年代についても、北伝、南伝のいずれをとるかによって大きく違ってくるのである。

南伝に従えば紀元前六世紀の生誕が有力であり、北伝によれば紀元前五世紀の生誕ということになる。現在のところ後者によって、紀元前四六三年の生誕とすることが多いようである。そして釈迦は八〇歳で没したといわれているから、紀元前四六三年から同三八三年まで生存したことになる。紀元前四世紀から五世紀にかけて活躍した、今からおよそ二四〇〇年前の人ということになる。

四月八日（花祭り）誕生説に根拠はない

ところで、日本では古くから釈迦は四月八日に生まれたことになっている。これも北伝の資料によるが、その根拠は定かではない。一説に仏教でいう四苦八苦をもじったものともいわれている。また南伝の資料によればヴェーサカ月、すなわち五月の満月の日に生まれたと伝えられている。これは五月の満月の日であるから日付は特定できず、また信憑性にも欠ける。

釈迦の生存年代については異説はあるにしても、ある程度根拠をあげて算定することができる。しかし、生誕の月日については経典などには記されているものの、まったく根拠がないといってもいいだろう。

周知のとおり日本では古来釈迦の誕生日とされる四月八日を「花祭り」と称し、花御堂に釈迦の誕生仏を安置し、甘茶をそそいで釈迦の誕生日を祝っている。

釈迦誕生のレリーフ（ルンビニー）

一方スリランカやタイ、ビルマなどの南伝仏教諸国では、誕生日とともに、釈迦が悟りをひらいた成道《じょうどう》の日、入滅《にゅうめつ》の日の三つをともにヴェーサカ月の満月の日とし、今日でもヴェーサカ祭という祭を行なっている。

ちなみに日本では古くから春に野の花を摘んで愛でる風習があったといい、それが釈迦の降誕と結びついたともいわれている。

――3　釈迦の生涯――

釈迦は妻子を捨てて出家した

釈迦の出生物語

釈迦は紀元前四六三年（一説に同四八四年）、現在のネパールとの国境近くのルンビニー園というところで生まれたとされる。父の名はシュッドーダナ（浄飯王《じょうぼんのう》）といい、カピラヴァストゥを首府とする釈迦族の小国の国王だった。母はマーヤー（摩耶夫人《まやぶにん》）といい、隣国のコーリヤ族の王の娘であった。

経典は釈迦が何度も何度も生まれ変わり、そのつどかずかずの善行を行ない功徳を積んだためにこの世で悟りをひらくことができたと伝える。この世に生まれる前、釈迦は兜率天《とそつてん》と呼ばれる最上の天界にいて、人間界に生まれる時機を待っていた。その時機が到来すると浄飯王の妃、摩耶夫人を母と定めて六本の牙のある象に乗って下降し、夫人の右脇腹から胎内にはいった。このとき摩耶夫人は釈迦懐胎のようすをつぶさに夢に見たという。妊娠中摩耶夫人にはさまざまな奇瑞があらわれた。そして臨月を迎えた夫人は夫に許しをもらって出産のため実家に向かい、その途中、ルンビニー園に遊んだ。春たけなわのルンビニー園は満開の春の花に彩られていたという。中にアショカというひときわ鮮やかな紅色の花があり、夫人はその花にひかれて一枝を手に取った。そのとき釈迦は夫人の右脇腹から静かに生まれ出ると、ただちに七歩歩き、「天上天下唯我独尊《てんじょうてんげゆいがどくそん》」といったという。

父浄飯王はこの子をシッダールタと名付けた。しかし、摩耶夫人は釈迦を産んで七日後にこの世を去ったため、シッダールタの叔母のマハープラジャーパティーがその後の養育に当たった。

これらはもちろん伝説であり、出生時から偉人の相を具《そな》えていたことを誇張したものである。しかし、ルンビニー園で生まれたこと、実母がおそらく産後の日だちが悪くて出産の数日後に亡くなり、叔母に育てられたこと、幼名をシッダールタといったことは事実であろう。

アシタ仙人の予言

さらに釈迦の出生にまつわる伝説はつづく。当時ヒマラヤにアシタという仙人が住んでいた。かれはかずかずの希有の奇瑞から不世出の偉人釈迦の誕生を知り、天空を疾駆してカピラヴァストゥに急いだ。そこでシッダールタ太子に会い、生まれたばかりの釈迦に三二の偉人の相があらわれているのをはっきりと見た。

そして太子の将来にふたつの道を予言する。すなわちひとつは悟りをひらいて無量の衆生を救済する仏陀となる道。今ひとつはインド古来から理想的な帝王像として人びとが待ちわびてきた転輪聖王《てんりんじょうおう》になる道であった。

このときアシタ仙人はすでに老齢で死期も近く、シッダールタ太子が成道《じょうどう》して仏陀になるすがたも、長じて転輪聖王となるすがたも見られないことを悟って深い悲しみに包まれ、止めどもなく涙を流したといわれている。

一方アシタ仙人の予言は、浄飯王に大きな喜びと、深い危惧とを同時に与えた。王子として転輪聖王となることは父王にとって大いなる喜びであった。しかし、出家して仏陀となることは王位の継承を放棄することであり、王を悩ませたのである。

幼少時代のシッダールタ太子はきわめて聡明で、ひとり静かに瞑想することを好んだという。あるとき大勢で狩りに出かけたシッダールタは、仲間から離れてひとり樹下に瞑想した。そのときかれは四禅というもっとも高い瞑想の境地に達したといわれている。

アシタ仙人の予言とこのようなシッダールタの宗教的志向は父の不安をますます駆り立てた。浄飯王は息子が出家の志を抱かないように、多くの侍女をかしずかせ、また三時殿という宮殿をつくって寒暑と雨期の不快を取り除いた。浄飯王は、この世の苦しみをすべて取り除き、ただ喜びと快楽のみがある環境の中に息子をとどめておこうと努力したのである。

釈迦の結婚

そうこうするうちにシッダールタは青年期に達し、父王はかれに妃をめとるように勧める。太子も父の勧めを受け入れて結婚の運びとなる。妃候補はヤショーダラーという、他の王国の姫君である。彼女は容姿端麗にして清らかな性格で、妃として申し分のない女性であったという。

さて婚儀がととのったところでシッダールタ太子は最後の試練に耐えなければならなかった。というのは姫君の父の提議により、ほかの適齢期の青年たちと文武全般にわたって優劣を競わなければならなかったのである。これは武士階級である種族の慣習にしたがったものであり、半ば形式的なものであっただろう。しかし、ここでもしほかの青年に引けを取れば破談の可能性もあった。

生来利発なシッダールタのこと、文芸についてはすぐれた才能を誰もが認めていた。しかし、武芸についての力量は多くの人びとの疑うところだった。ところが大方の予想に反してシッダールタは武芸についても他を圧倒し、勝利の栄を勝ち取ったのである。このようにしてシッダールタとヤショーダラーは結婚した。仏伝にはかれの結婚の時期を一六歳のときと伝えているが、古代インドの一般的な慣習から推して一八歳から二〇歳くらいと見るのが妥当なようである。

結婚してからの生活も、出家を危惧する父の計らいにより何ひとつ不自由のないものだった。相変わらず父の浄飯王はシッダールタの万一の出家を気にかけ、かれの出家志向の芽をつみとるべくたゆまず努力をした。しかし、シッダールタの出家への思いはとどまるところをしらない。生来熟慮型のかれは、一見何の悩みも苦しみもない、快楽に満ちた生活の中で人生について深く思いをめぐらす。

一夜、侍女たちのあられもない寝姿を目にしたとき、この世の汚《けが》らわしさを思い知らされ、シッダールタの人生への憂慮の念はますます強まった。

また父王は、息子の心を慰めるため、しばしば侍者をともなって園林に遊ばせた。ふだんは現実の社会との接触を避けるため極力城外に出ないように注意していたが、この時ばかりはいやでも城外に出なければならなかった。

ある時には老いに苦しむ老人を見て、みずからにもいずれは老いる日が来ることを悟り、思いに沈んで王宮に引き返した。またある時には、病み衰え痛みに苦しむ病人を、さらに死者を、囲みあるいは担いで悲嘆に暮れる肉親の姿を見て、病や死が不可避的に訪れる人生の現実に憂慮の念を深め、重い心を引きずりながら王宮に帰った。

そしてある時には、世の中の汚れや悩みから離れ、清浄な生活を営む超然たる修行僧の姿を見て大いに感動したという。

これは仏伝に出てくる「四門出遊《しもんしゅつゆう》」という有名な話である。四門、すなわち東西南北のそれぞれの門から城外に出るたびに、老人・病人・死者・修行僧に出会った。人生の現実を目《ま》の当たりにして、シッダールタの出家の決意はいよいよ不動のものとなった。

釈迦に男児誕生

このころヤショーダラーとの間に待望の男児が誕生した。釈迦の出家の年齢は二九歳というのが、多くの仏伝の採用するところである。したがって前述したように一八歳から二〇歳くらいで結婚したとすると、ほぼ一〇年が経過して、すでに子どもを設けることを諦めていたものと思われる。そんな折しも、突然子宝に恵まれた浄飯王をはじめ周囲のものの喜びは、想像に余りあるものであったに違いない。

しかし父親となったシッダールタは、わが子の出生に複雑な感情を禁じえなかった。男児出生の報を聞いたときかれは「困ったことだ。障害が生まれた」といったという。子どもへの愛着がかれの固い出家の決意を妨げるからである。

仏伝によれば、子どもはラーフラと命名された。ラーフラとは、サンスクリット語で障害、煩悩を意味する。俗に百八つあるといわれる煩悩の中でも、子どもに対する愛着（子煩悩）は断ち切りがたい煩悩である。出家すべきかとどまるべきか、思案に暮れるシッダールタの心中は想像にかたくない。しかし、家長であるかれにとって、家系を絶やさないことは最大の使命である。その意味で、男児の出生はひとつのきわめて重大な責務を果たしたことになる。おそらくそのような認識もあってかれは子どもへの煩悩を断ち切り、求道《ぐどう》に専念することを選んだのであろう。一夜ラーフラのあどけない寝顔に無言のうちに別れを告げたシッダールタは、ひとりの侍僕に手引きさせ、カンタカという愛馬にまたがり、王城をあとにした。

それから六年後、ひたすら真実の道を求めたシッダールタ青年は、菩提樹の下でついに悟りをひらき仏陀となった。ときに三五歳、以降八〇歳で亡くなるまでの四五年間、長い長い布教の旅がつづく。

ところで、仏教の信者にとって、究極の目的はこの「悟り」であろう。悟りとは、真理、真実を知る智慧である。悟りはこの智慧によって得られるのであるが、同時に智慧そのものでもある。サンスクリット語でプラジュニャー、ボーディなどといわれるこの智慧は、学問によって得ることのできない直観的な智慧である。

悟りをひらいたシッダールタは仏教という教えを広め、しだいに多数の信者を獲得し、大きな教団を形成するようになった。そして長い間取り残されていた妻のヤショーダラーと一子ラーフラは、ともに仏教に帰依し、釈迦の教団の一員になった。いわば義絶状態にあった釈迦と妻子は、仏教という宗教の絆《きずな》でしっかりと結ばれることになったのである。

―4 輪 廻―

輪廻は火葬にヒントを得たもの

輪廻とは永遠につづく生と死の循環

古今東西を問わず、人類は死後の運命に多大な関心を抱いてきた。とりわけインドでは、早くから死後の世界についての観念が体系的に語られ、輪廻《りんね》説に発展した。

輪廻はインドの古いことば（サンスクリット語）でサンサーラといわれ、流転とも訳される。人間の死後、肉体は滅びても精神（霊魂）は永遠に生きつづける。その霊魂がまた新たな肉体を得て生まれ変わる。輪廻とは永遠にくり返される生と死の循環なのである。そしてインドでは一般に世俗の人生を苦しみと見なすことから、輪廻の連鎖の中に沈潜している以上、人は永遠に苦しみから逃れることができないと考えた。このことからインドのすべての宗教や哲学が目指したのは、輪廻からの脱出、すなわち解脱《げだつ》であった。

時代を経るにしたがって輪廻はヒンドゥー教の中心的観念となり、インドの文化に多大な影響を与え、まさにインド人の骨肉となったということができる。そして仏教にもとり入れられて独自な発展を遂げ、中国、日本、東南アジアの仏教諸国にもさまざまなかたちで根付いている。

輪廻の萌芽――「五火説」と「二道説」

人が死後どこへ行くかについては、すでに最古の聖典ヴェーダの中で語られている。しかし、この時代にはまだ死後の運命が漠然と語られているだけで、再生をくり返す輪廻のシステムについては明らかにされていない。

少し時代が下がって、ウパニシャッドという哲学書には輪廻が体系的に述べられるようになる。そこには火葬の煙とのかかわりで、人間の再生のプロセスが「五火説《ごかせつ》」「二道説《にどうせつ》」というかたちで述べられている。

「五火説」というのは、まず人が死んで荼毘《だび》にふされると、その人の霊魂は火葬の煙とともに上昇して月に達する。月の世界にしばらくとどまったのち、雨とともに地上に降りてきて地中に吸収される。さらに地中に吸収された霊魂は、植物の根から吸収されて米や麦など人間の食物となる。そしてその米や麦などを男子が食べると、霊魂は精子となり、最後には母胎にはいって再びこの世に生まれてくるというのである。

この「五火説」に因果応報《いんがおうほう》の考え方を加味して発展させたのが「二道説」である。この説によれば、まず信仰心あつく、人里離れた森林で苦修錬行するものは、死後、火葬の煙とともに天界に昇り、神の世界などを巡遊する。そして最後には最高神ブラフマンの世界に達して再び地上に生まれてくることはない。すなわち解脱するのである。この道を「神道《しんどう》」という。

また信仰心あつく、つねにさまざまな供養を営み、善行をなすものは、死後、火葬の煙とともに天界に昇り、祖霊の住む世界などを巡遊したのち月に至る。そして善行の余力が残っている間はこの月世界の楽土にとどまることができる。しかし、善行の余力が尽きると再び雨とともに地上に降り、あとは先の「五火説」のプロセスにしたがって再生するというのである。この道を「祖道」という。

さらに信仰心も薄く、善行を行なわないものはこれら二道のいずれをも通ることができず、第三の地獄のようなところにおもむくと説かれている。この時代にはまだ具体的な地獄のイメージは示されておらず、ただ殺人者や女性の魔術師が死後に行く地下の世界が漠然と描かれていた。それがのちに閻魔天の支配する地獄に発展するのである。そのため、この時代には「地獄のようなところ」といわれるのである。

このようにウパニシャッドの「五火説」や「二道説」では、輪廻の観念が体系的に説かれている。そしてウパニシャッドの哲人は、人間が来世でどこに生まれるかは、その人の生前の善悪の行ない、すなわち業によるといい、因果応報の観念をはっきりと打ち出している。このような因果応報にもとづく輪廻の観念は、仏教が興った紀元前六世紀から同五世紀ぐらいまでには、すでにかなり普及していたものと思われる。そしてインドのほとんどすべての宗教や思想は、業、輪廻説をとり入れて独自に発展させたのである。

六道輪廻説は日本でも流行

輪廻、業の観念は、仏教では六道輪廻説《ろくどうりんねせつ》として発展した。仏教では衆生《しゅじょう》（すべての生き物）が住む世界を六種に分ける。地獄・餓鬼・畜生・修羅・人間・天がそれで、六つの道、すなわち六道と名付けられる。地獄はもちろん際限のない苦しみにさいなまれる世界、餓鬼は飢えに苦しむ世界、畜生は動物となってさまざまな虐待などに苦しむ世界、修羅は永遠に争いをくり返す世界、人間はわれわれの住む人間世界で地獄などよりははるかにましではあるが、ここもやはり苦しみや煩悩に包まれた世界である。そして最後に天は、神々の住む、安楽に満ちた世界である。しかし神といえども、天界に永遠にとどまることはできない。善行の果報が尽きれば再び人間以下の世界に再生するかもしれない運命にある。つまり衆生はたとえ神であっても、前世の行ないの善し悪しによってこの六道のいずれかに再生し、永遠に輪廻の淵をさまよい苦しむのである。

このような六道輪廻説は、日本ではとくに広く受容され民衆の間に浸透していった。その端緒となったのは平安時代の高僧源信《げんしん》（九四二〜一〇一七）が著した『往生要集《おうじょうようしゅう》』である。この中で源信は六道の情景を詳細に描き、悪行のものが地獄や餓鬼道に堕ちて苦しむことを切々と説いた。

とりわけなまなましい地獄の描写は、当時の民衆の堕獄への恐怖を深め、倫理観の高揚に益したという。またそれ以降、六道輪廻の観念は民衆の間により深く浸透したといってもよい（→源信）。現代でもわれわれ日本人の中には、善を行なえば極楽に行き、悪を行なえば地獄に行くという観念がある。インド人が火葬の煙にヒントを得てつくり上げた輪廻の観念は、さまざまに形を変えながら現代にいたるまで日本人の中に息づいている。

輪廻の主体はアートマン（＝個我）である

解脱しないかぎり輪廻は永遠につづく。それでは何が輪廻するのか、何が輪廻の主体になるのかという問題が早くから考察された。この問題は、業や縁起、無我説と複雑に関係している。くわしくはそれぞれの項で述べることにして、ここでは何が輪廻するかについて簡単に触れておく。

まずインド思想一般には、輪廻するのはアートマンである。アートマンというのは個我と訳され、生命の根源であり、個人の中核をなす実体である。そしてアートマンは本来純粋清浄であり、その本来の純粋性に立ち還ったとき、宇宙の最高原理であるブラフマンと合一する。これがすなわち輪廻からの解脱である。したがってアートマンとブラフマンはまったく同一のものであり、アートマンは個人我として、あるときにはケシ粒よりも小さい極小の存在として人間の心臓の中枢に収まっている。しかし、それは全宇宙を統括する原理でもある。そのため聖典の中で、アートマンはしばしば「極小にして極大」などとパラドクシカルに表現される。アートマンはインド哲学のもっとも中心的な概念であり、インドのほとんどすべての哲学体系はアートマンの考察に膨大な時間と労力をついやしてきた。それだけにここでアートマンを概観し、理解することは非常に困難である。ともかくインド思想一般には、常住不変、純粋清浄なアートマンが輪廻の主体であり、それに業が付着することによって輪廻がくり返されるといわれる。

仏教はアートマンを否定した

ところが仏教はこのアートマンの存在を真っ向から否定してその教理を展開してきた。それが仏教の最大の特徴である無我思想である。次の「業」の項でも少し触れるが、仏教がアートマンを否定したのは、常住不変の実体を認めないからである。なぜなら仏教は、常住不変の実体への執着こそが煩悩の最大の原因と考えたからである。しかし、常住不変の実体を認めなければ、悠久の過去から未来永劫にわたってつづく輪廻がどうして可能なのかという問題がもち上がってくる。そこで仏教では、輪廻の主体を縁起という仏教独自の概念で説明したのである。

アートマン、縁起については、以下の「縁起説」「無我説」の項でくわしく説明する。今はインド思想一般にはアートマンを輪廻の主体とし、無我思想に立つ仏教では縁起を輪廻の主体と考えたということを述べるにとどめておく。

――5 業――

業とは、行為のことだった

行為は必ず何らかの結果を残す

「因業《いんごう》」「業突く張り」「業を背負う」など、業《ごう》ということばは現在でも慣用句などによく使われる。そしてそこで表現される業はあまり良いイメージを与えない。むしろ悪い意味で使われるケースが多いようである。

いうまでもなく業は仏教語であるが、その起源はインドにある。サンスクリット語ではカルマというが、このことばは「行なう」「つくる」などという意味の動詞クリから派生した名詞である。つまりカルマは、基本的には「行為」とか「作用」を意味することばなのである。早い時期から重要視されていた業は、仏教にとり入れられてその中心的な概念になった。なぜ単なる行為や作用が重要な概念になったのであろうか。

インド人はまず、行為があとに何らかの結果を残すということに着目した。すなわち行為自体は一瞬のうちに消え去ってしまうが、その結果はさまざまなかたちで残る。たとえばある人が万引きをしたとき、万引きという行為自体は一瞬にして完了してしまう。しかし、見つかれば社会的な制裁を受け、時として一生を棒に振ることもある。また、首尾よく見つからなかった場合でも、のちにその人は良心の呵責《かしゃく》に苦しむかもしれないし、万引きされた店のほうも被害を受ける。このように一瞬のうちに消え去る行為が、あとあとさまざまな結果を残すのである。

行為に対するこのような概念はのちに輪廻説と結びつくようになり、単に表面的な行為にとどまらずさまざまな結果を残す潜在的な力と考えられるようになった。このようなことから業は輪廻の原動力と考えられるようになり、行為の背後にあって人を支配する重要な概念になったのである。

輪廻の原動力としての業

時代が下ると、業は輪廻を成り立たせる根本的な原因と考えられるようになった。すでに輪廻の項で述べたように、ウパニシャッドの哲人は「実に人は善業によって善いものになり、悪業によって悪いものとなる」という秘説を明らかにしたことが伝えられている。善いものに生まれ変わるか悪いものに生まれ変わるかは業によるのである。

そしてインド一般には、輪廻の主体は個人の根本原理であるアートマンである。アートマンは純粋精神であり、霊魂であると考えてよいだろう。肉体の死後もこのアートマンは永遠に存続しつづけて次から次へと生まれ変わる。しかし、アートマンは純粋に精神的でそれ自体には何の活動もない。アートマンに活動を与えるのが業の力と考えられた。

すなわち自動車のエンジンはそれだけでは動かないが、燃料のガソリンがあると動き出す。そして燃料がなくなるとエンジンは停止してしまう。業はちょうどエンジンに対する燃料のような働きで、アートマンを輪廻の主体として成り立たせているのである。

このように輪廻の原動力としての業は、死後も残存する潜在的な力と考えられた。アートマンは純粋清浄であるから、それのみでは汚辱にまみれた再生をくり返すことはない。しかし、供養や布施などをよく実行した人は、その善業が彼のアートマンに付着し、来世には天界に生まれる。一方悪行のものは、悪業によって地獄などに堕ちるのである。そしてたとえ天界に生まれようともその善業が尽きれば再び下等なものに再生し、輪廻をくり返さなければならないのである。

われわれは過去の業から逃れることができない。「業を背負って」生きているのである。「因業」なのも「業突く張り」なのも今始まったことではない。われわれは遠い過去の行為によって支配されている。また現在の行為は未来に確実に影響を及ぼす。そして業があるかぎり輪廻をくり返す。たとえそれが善行であっても何らかの行為をなせば、それが業となって蓄積され、輪廻の原因になる。

だから輪廻から完全に脱出するためには、過去の業を滅するとともに、未来に業を残さないようにしなければならない。すなわち付着物のない純粋清浄なアートマンの本性に還らなければならないのである。アートマンの本性に還ったとき宇宙の根本原理であるブラフマンと合一し、二度と再び再生することがなくなる。これが解脱であり、悟りの状態であり、この状態に至ってはじめて人間は完全に苦しみから解放される。

もっとも仏教では、釈迦以来、常住不変の存在を認めない無我説の立場をとるため、永遠不滅のアートマンのような存在を認めない。そのため何が輪廻の主体になるかが問題になった（↓無我説）。

業に三種あり

古来、業は身《しん》・口《く》・意《い》の三つの種類があるといわれ、これを「身口意の三業」と呼んでいる。

身業は身体的な行為、口業は発せられたことばである。これらの行為やことばは、具体的に表にあらわれることから表業《ひょうごう》と呼ばれ、それぞれ身表業、口表業といわれる。

そしてこれらの行為やことば自体は一瞬にして消えてしまうが、そのあとに何らかの結果を残す潜在的な力がある。たとえば善悪の行為はのちに相応の結果をもたらすし、約束したことばは瞬時に消え去っても、約束という事実が残り、人はそれに拘束される。すなわち身業や口業には人をのちのちまで拘束する力がある。身業や口業のこのような側面を無表業と呼び、身無表業、口無表業をたてる。また意業は心の働きで、これも無表業と同様、具体的に表にはあらわれないが、のちに何らかの結果を生じる潜在的な力をもつ。すなわちある行為やことばに先だって必ず心が動くのであり、ときにある決意は人の人生を変えてしまうことすらある。この意味で意業は三業の根本にあるといってもよい。

インドでは一般に、具体的に表にあらわれる表業よりも、潜在的な力である無表業や意業を重んじる傾向がある。とりわけ仏教では後者を重視し、とくに意業を重視する。行為そのものよりもむしろその動機が重んじられるためである。地獄における罪の階梯でも、もっとも重い罪は人を欺いたりすることで、このようなものは無間《むげん》地獄に堕ちて際限のない責苦にあうことになる。逆に殺人などは比較的軽い罪になっている。

孔子も『論語』に「巧言令色《こうげんれいしょく》すくなし仁」といっているように、いくら美辞麗句を連ねて笑顔をつくってみせても悪意を抱いていれば、それは単なる欺きにすぎない。心の作用は人間存在を支えるもっとも重要な要素であり、その意味でも意業が重視されるのである。

仏教における業

仏教の開祖釈迦は、かれの肉声に近いことばを含むといわれる『阿含経《あごんぎょう》』の中で、「私は業を論ずるものであり、行為を論ずるものであり、また精進を論ずるものである」といっている。このことばから、仏教が当初から業の観念を積極的にとり入れていたことがわかる。また遠い過去から背負ってきた業は、既成の潜在力として現在のわれわれを支配しているため、業の観念はともすれば運命論や宿命論に陥りやすいが、「精進を論ずるものである」ということによって業のそのような側面を排除している。そして精進とはいうまでもなく、努力することである。このことから釈迦は、日ごろから善き行ないをするように精進努力することによって、善業を積み、善い果報を得ることができると考えていたことがわかる。

また仏教では、「生まれを問うことなかれ」といい、「人は生まれによって賤民となるのでもなく、生まれによって司祭者となるのでもない。行為によって賤民ともなり、司祭者ともなるのである」といっている。すなわち前世の行ないが悪かったから今の不幸があるのではない。前世に善行を積んだから今の幸福があるのではない。仏教では、たとえそのような業を背負っていても今生の行為いかんによって善きものになることができるということを明言している。だから現世が幸福だからといって安閑としてはいられない。安楽な生活に甘んじて努力を怠《おこた》れば、来世は悲惨な目にあうのである。また過去の悪業も、今善行を積むことによって滅することもできる。

このように見てくると、仏教では、業の存在は必ずしも輪廻とのかかわりにおいて重要な要素ではないかのようにも思われる。この点に関して初期の経典は「われわれは業を所有し、業を相続し、業を根源とし、業を親族とし、業をよりどころとし、われわれが行なうであろうあらゆる善悪の業をわれわれは相続するのである」といっている。すなわちわれわれは常に業とともにあり、それから逃れることができない。しかもそれを「相続」する。すなわち輪廻の淵に沈潜しているかぎり永久に受け継いでいくのである。仏教における業も、インド一般に考えられたのと同じく、潜在的な力として蓄積され輪廻の動力因となるものだった。

インドでは一般に、アートマンに業が付着して輪廻の原動力となると説く。しかし、無我説に立つ仏教では、アートマンのような常住不変な実体を認めない。そこで、業は輪廻の最大の原因であるが、その主体が何か、つまり業は何をよりどころにして輪廻を可能にするかということが非常に困難な課題として残った。そこで縁起という仏教独自の考え方で輪廻のメカニズムを説明するのである。これについては無我説、縁起説の項でくわしく述べる。

6 無我説

釈迦はインド哲学の根本である「我」を否定した

「我」はインド哲学の根本だった

無我《むが》とは「我《が》が無い」という意味である。それでは「我」とはいったいどのようなものであろうか。

サンスクリット語では「我」はアートマンといわれる。インドには仏教が興起するはるか以前からアートマンの観念はあったが、インド哲学の奥義を明かしたウパニシャッドにおいて盛んに論議され、インド思想の中心的概念となった。

アートマンは人間の中心にあるもので、肉体と精神とを内面から統括することから「内制者」とも呼ばれている。いわゆる「自我」であるが、現代の心理学などでいわれるような、おのおのの人に備わった個性のある自我ではない。すべての人間に共通に備わった普遍的な自我なのである。それゆえアートマンは、すべての人間に備わりながら唯一であるといわれる。そして常住不変であり、肉体が消滅しても永遠に存続する。アートマンはいわば霊魂のようなもので、その本性は純粋清浄であるが、それに業などの世俗的な不純物が付着すると輪廻の主体となるのである。

また個人の主体として個人を統括するアートマンは、宇宙の主体として全宇宙を統括するブラフマンと同一視される。ウパニシャッドには、アートマンは「人間の心臓の中にあり、ケシ粒の核よりも小さい。そしてそれは同時に宇宙と同じ広がりをもつ」と説かれ、また「極小にして極大」であるという矛盾した表現がしばしば出てくる。

ブラフマンは宇宙の最高原理であり、全宇宙を統括する。すべてのものはブラフマンから生じブラフマンに還る。ブラフマンは本来純粋清浄であり、超越的な解脱した存在なのである。このブラフマンとアートマンとが同一であるという。

ウパニシャッドでは、ブラフマンとアートマンの関係を水に溶ける塩の塊《かたまり》という比喩によって説明する。塩の塊を水の中に入れると溶けて跡形もなくなるが、塩の本質である味そのものは変わらない。ブラフマンはちょうど塩が水に溶けるように、すべての人間に浸透して、しかもその本質は変わらないのである、と。

そしてこのようなアートマンとブラフマンとの同一性を認識したとき、人はただちにブラフマンと合一して解脱を果たす。すなわち輪廻の連鎖から解放されて再び地上に生をうけることがない。

みずからの中心にあるアートマンに覚醒し、それがブラフマンと同一であることを認識した、その人のアートマンはブラフマンと合一して解脱を達成するのである。ウパニシャッドでは「汝はそれなり」という有名なことばによって、再三にわたって両者の同一性が強調され、アートマンに覚醒するように促される。

しかし、凡人は煩悩などによって認識が汚れているため、自己の中に偉大なるブラフマンと同一のアートマンが内在していることに気づかない。そのような人のアートマンは、死後、体温や呼吸とともに肉体を抜け出し、再び新たな肉体にはいり込む。すなわち輪廻転生をくり返すのである。

無我説は仏教独自の思想だった

我（アートマン）はインド思想の中心的な概念で、仏教が興った当時、すでに広く認められていた。そしてほとんどすべてのインドの思想体系は、アートマンの探求に全精力を傾けたといっても過言ではないだろう。

このような状況の中で、アートマンの存在を否定して無我説を中心に据えた仏教思想は、インドにおいては異端の思想ということもできた。人がアートマンといい、個人存在そのものと考えているものはどこにもないというのが無我説である。

仏教では個人存在を色《しき》・受《じゅ》・想《そう》・行《ぎょう》・識《しき》の五蘊《ごうん》で説明する。色は肉体を含むあらゆる存在であり、受・想・行・識は感覚器官であるが、そのすべてが「わがものでもなく、われでもなく、わが自我でもない」（五蘊非我）という。同様に、人間の感覚器官の対象となるすべてのものが実体のないものであるというのが無我説の基本的な考え方である。

われわれが個人存在と思っている「我」は、肉体や感覚器官の集合体であり、単なる名称にすぎない。このことは車の比喩で説明される。すなわちわれわれが車と呼んでいるものは、軸や輪などの部品の集合につけられた名称にすぎないのであり、車という実体はどこにもない、と。

このような無我説が説かれたのは執着をなくすためであった。われわれ人間は自分の身体はもとより家族、財産などさまざまなものを「わがもの」と思い、それに執着している。この執着こそが苦悩の最大の原因なのであり、苦しみから離れるためには「わがもの」という観念を捨てることが急務である。それには無我の観念を修得することが最善の方法なのである。

無我は、釈迦が悟りをひらいたときに提唱したが、今述べたような苦しみを断って解脱に至る手段として無我説を説いたのであり、アートマンの存在を追求してそれがないことを証明、あるいは形而上学的な議論をしたのではなかった。釈迦は死後の世界の有無や宇宙がいつから始まったかなど、解決することが困難な形而上学的な問題に関しては答を与えなかったといわれている。これを無記といい、ここに釈迦の思想的、宗教的姿勢の特色を見ることができる。

ところで無我説は一方で、輪廻との関係で厄介な問題を提出することになった。つまりアートマンを否定すると、肉体が滅びたあとに何が輪廻の主体となるかということの説明がむずかしくなるのである。そこで仏教の各学派はこの問題の解決に苦慮し、ある学派などは、「我」とはいわないが実質的に我と類似の実体的な存在を想定するに至った。

この問題をたくみに説明したのが瑜伽行派《ゆがぎょうは》だった。瑜伽行派は、あらゆる存在、現象は心が仮に創り出したものであるとする唯識《ゆいしき》説をうち立てたが、心の深奥に潜《ひそ》むアーラヤ識を輪廻の主体とすることで、無我説の立場に立ちながら輪廻の問題を解決するすぐれた仮説を立てた（↓唯識思想）。

釈迦が説いた無我説は大乗仏教でも中心的な概念となり、やがて空《くう》の思想へと発展して行くのである（↓空の思想）。

7　縁起説

——釈迦は「縁起の法則」という真理を発見した——

縁起とは「因縁生起」の略

「縁起《えんぎ》がいい」「縁起が悪い」「縁起もの」など、縁起ということばは今日でもわれわれになじみの深いことばである。何気なく使っているが、実はこの縁起ということばは、仏教におけるもっとも中心的な概念なのである。

サンスクリット語では縁起のことをプラティートゥヤ・サムウトゥパーダという。字面を追っただけでも実に複雑な単語だが、それもそのはず、このことばは仏教が独創した合成語なのである。これを漢訳して「因縁生起《いんねんしょうき》」といい、略して縁起という。因縁も縁起と同じ意味である。

縁起とは、物事が生じるには必ず他との関係が縁になるということで、すなわちAはBとの縁によって生じるのである。

たとえ話を出そう。俗に「風が吹くと桶屋《おけや》がもうかる」という。風が吹くとほこりが舞い、それが目にはいって眼病の人が増え、失明する人も出る。目の不自由な人が三味線弾きになる。三味線は胴に猫の革を張る。そこで猫を捕まえては皮をはぐから、猫が少なくなる。すると鼠が増え、あちこちで桶をかじるから、その修繕のため桶屋が忙しくなる。それで「風が吹くと桶屋がもうかる」。

ひとつのことが原因になって別の結果が生じる。そして、それが原因になって、また次の現象を生むのである。

例えば、種子が発芽するためには、水、光、酸素、適当な温度などさまざまなものが必要である。それらのものが縁になって種子は発芽し、成長していく。

物事は、決して単独で生じたり存在したりすることはない。このように世の中のすべての存在と現象を、他とのかかわりによって説明したのが縁起なのである。

日本では、後世になるとこのような縁起の意味を敷衍《ふえん》して、社寺などの由来や仏像などの功徳を指すようにもなった。過去にさまざまな因縁（原因）があったために、現在の社寺ができ上がったというほどの意味である。

さらに冒頭にもあげたように「縁起が良い（悪い）」などという。これはある出来事や行為が縁になって、将来吉事や凶事が訪れることを予想しているのである。だから凶事を招かないために前もって「縁起をかつぐ」のであり、凶事が起こってしまったときには「縁起直し」をする。このような場合は「縁喜」という字をあてることもある。

「縁がある」などというのも同じである。例えばある二人が結婚するのは決して偶然ではない。前世からのさまざまな縁が重なって結婚が成立する。「袖触れ合うも他生《たしょう》の縁」という。街で袖がわずかに触れ合うのもその人との他生、すなわち前世の縁であり、また袖を触れ合ったことが来世の縁にもなる。こわいお兄さんに「因縁をつけられる」のも前世の縁なのである。

このように世の中の存在や出来事は、すべて縁起によって成り立っているのである。

縁起の法則は釈迦が発見した

釈迦は縁起の法則を悟って仏陀となった。前述したように縁起というのは仏教のオリジナルの概念であるが、それは釈迦がつくりだした形而上の思想概念ではない。それは万物の法則として存在していた。釈迦はその法則を発見したにすぎないのである。すなわち釈迦の悟りの内容は、キリストのように神の啓示でもなければ、奇跡でもない。釈迦は厳然と横たわる不易《ふえき》の真理を発見したのである。その意味では自然科学の発見と対比することもできる。

さて、釈迦はなぜ、どのようにして縁起の法則を発見したのであろうか。

釈迦の宗教の原点はこの世の生存を「苦」と見るところにあった。この苦は、われわれが輪廻の連鎖に沈潜していることに起因している。釈迦は修行時代に、苦を断ち切るためにさまざまな苦行を試みた。しかし、死に匹敵する苦行をもってしても、この苦しみから逃れることができないということに気づいた。そこで釈迦はあっさりと苦行を捨て、瞑想によってその苦しみの原因を断ち切ろうとしたのである。

仏伝は釈迦が悟りをひらいたときのようすを次のように伝えている。

釈迦は菩提樹の下におもむき、静かに目を閉じて瞑想にはいった。このとき、もし悟りを得ることができなければ、たとえ身が砕けようともその座を立たないと心に誓ったという。瞑想はしだいに深まり、ついには最高の境地にまで達した。そのとき心はかぎりなく清浄になり、超自然的な眼力が備わって、たちまちにして衆生が業によって輪廻転生《りんねてんしょう》することを観察し、次には全人類の過去をつぶさに観察することができた。さらに老いや病気や死の苦しみが何によって生じるかを追求した。そしてついに、苦しみの根本の原因が無明《むみょう》にあることを突き止めたのである。

苦の根本は無明にある

無明とは根本的な知識の欠如である。たとえば薄暗がりに落ちている縄を蛇とまちがえて恐れるようなものであるという。世の中はすべて縁起の法則により、他との関係で成り立っているので、固定的な実体などありえない。しかし世人は、ちょうど縄を蛇とまちがえるように、実体のない虚構に執着し、それに恐れを抱いたりして苦しむのである。したがって無明は一種の錯覚といってもいいかもしれない。この錯覚がなくなったとき、すなわちすべてのものが実体のないものであることがわかったとき、虚構に執着することによって生じていた苦しみは滅するということを釈迦は悟ったのである。

もちろんこれは仏伝にあらわれた話であって、史実をそのまま記したものではない。ここに説かれる縁起にも、後世の発展した縁起説が含まれている。しかし釈迦は、確かに他との関係によって物事が生じるという見解で世の中をとらえたのであり、それによって苦を滅却して悟りを得たのである。その内容は、存在は他との関係によって生じ、「すべて生起したものは消滅する」という素朴なものだった。

苦の生まれる十二の過程

さて、時代が下がると縁起説はしだいに発展整備されていく。中でももっとも広く普及したのが十二縁起説（十二因縁説）というものだった。そこでは無明を根本原因として苦が生じる過程が、十二の支分に分けて説かれている。すなわち無明《むみょう》・行《ぎょう》・識《しき》・名色《みょうしき》・六入《ろくにゅう》・触《そく》・受《じゅ》・愛《あい》・取《しゅ》・有《う》・生《しょう》・老死《ろうし》である。

「無明」は迷いを引き起こす根本的な無知であり、前述したように苦しみの根本原因である。「行」は過去世に行なった善悪の行為。「識」は、受胎のときの最初にあらわれた意識で、無明から識を生じさせる働きである。「名色」は、母胎の中にいる胎児の精神と肉体が発育する過程である。「六入」というのは眼《げん》・耳《に》・鼻《び》・舌《ぜっ》・身《しん》・意《い》の六根、すなわち身体と五感がすっかり備わってまさに母胎を出ようとするときである。「触」は生まれてしばらくの間、物に触れて感じる触覚はでき上がっているが、まだ苦楽を意識的に識別することができない段階。「受」の段階に進むと、苦楽を識別して感受性があらわれる。経典には六～七歳ごろからが「受」の段階といわれている。「愛」は愛着、執着の意味であるが、一四～一五歳ごろになると、種々の欲望が起こり、苦を避けて楽を求めるようになる。「取」は執着の意味で、自分のほしいものに対する欲望が執着に変わるのである。「有」は生存の意味で、さまざまな欲望（愛）や執着（取）により、未来の果を決定する業をつくるのである。「生」は生きることの苦しみそのものであり、「老死」は老いの苦しみと死の苦しみである。

このうち無明と行は、過去世《かこせ》の因であるという。すなわち過去（前世）の業によって無明が生じ、次の苦しみの生存が始まる過渡的な段階である。そして識から受までは現在の果といわれる。過去世の業によって無明が生じた。そして無明のためにこの世に生をうけた結果である。しかし、この段階ではまだ強い煩悩があらわれていないので、来世の業をつくるまでに至っていない。愛から有までは現在の因である。心に欲望が起こり、さまざまなものに執着するようになる。この段階で人間はさまざまな業をつくることになるのである。生と老死は未来の果といわれる。愛、有の段階で蓄積された業の結果として老いと死が訪れるのである。

　このように無明を根本原因として、次の結果が生まれる。その結果が原因となってまた新たな結果を生み出し、老死に至る。縁起は果てることのない因果関係の連続なのである。無明を原因として行、識、……老死に至る苦の発生の過程がわかると同時に、無明が滅することによってすべてが滅するという道理もわかる。前者を順観といい、後者を逆観というが、これらの道理を理解し、消滅の道を実践すれば解脱が可能になるというのである。そしてこの消滅への道の実践は、さらに四諦説などに発展し、釈迦が悟った縁起は理論から実践へと展開するのである（→四諦）。

　ところで、釈迦が菩提樹の下で悟りをひらいたときに、すでにこの十二因縁説を悟ったという説が古来なされてきた。しかし、この十二因縁説はかなり発展整備された縁起説であり、これを釈迦がはじめから説いたということは現在では疑問視されている。けれど釈迦が「AによってBが生じる」「Aが滅すればBは滅する」という縁起の基本的内容を発見し、その根本原因が無明にあることを悟ったことは確かなのである。そして縁起は仏教の根本教理となり、仏教のもっとも独創的な思想として今日まで受け継がれている。

―― 8　四諦 ――

釈迦が「解脱」のために説いた四つの真理

四つの真理、苦・集・滅・道

釈迦は成道《じょうどう》後、はじめての説法を鹿野苑《ろくやおん》（ベナレス郊外のサールナートの地）というところで行なった。そのとき解脱《げだつ》（輪廻転生の連鎖から解放されること。つまり悟りを開くこと）のために四つの真理を説いたといわれている。これを四諦《したい》といい、仏教の根本的原理と実践法を示す根本教説として重視されている。

四諦はサンスクリット語でチャトゥル・アールヤ・サットヤといわれる。チャトゥルは数字の「四」、アールヤは「聖なる」、サットヤは「真理」の意味である。四聖諦、四真諦とも訳される。四つの真理とは「苦諦《くたい》」「集諦《じったい》」「滅諦《めったい》」「道諦《どうたい》」である。

第一の苦諦は、「迷いの世界はすべてが苦であるという真理」で、苦聖諦ともいわれる。輪廻転生する世界が「迷いの世界」である。「楽あれば苦あり」ともいうが、われわれが輪廻の淵に沈潜しているかぎり基本的には苦しみの連続である。楽は瞬時にして去り、苦がやってくるのである。人生を苦しみと見るところに仏教の出発点がある。

第二の集諦は、「苦の原因は渇愛であるという真理」である。渇愛はのどが渇いた人が水をほしがるような激しい欲望であり、それはまた果てることを知らない。集諦は、この果てしない欲望が人生の苦しみの原因であるという真理であり、またそれを認識することであるといってもいい。縁起の項で述べたように「Aが生じればBが生じる」という真理で、十二因縁の順観によって得られる。

ガンダーラの降魔成道像

第三の滅諦は、「その渇愛を滅した状態が究極の理想状態であるという真理」で、苦滅聖諦とも呼ばれる。これは「Aが滅すればBも滅する」という真理で、十二因縁の逆観によって得られる。究極の理想の状態というのは輪廻からの解脱、すなわち涅槃の境地である（→涅槃）。

第四の道諦は「このような理想に達するためには八正道《はっしょうどう》なる正しい行ないによらねばならないという真理」で、苦滅聖道諦ともいわれる。これは実践的な真理であり、道諦を実践することによってついには涅槃の境地に達することができるのである。四諦説は縁起説から発展して輪廻からの解脱《げだつ》の実現を説いた実践的なものである。そしてその実践を具体的に体系化したものが八正道である。八正道は仏教の実践の基本であり、仏教徒の生活の基本はここに集約される。

八正道は解脱への実践法

四諦説のうち、道諦の具体的内容が八正道で、苦を滅するための八つの正しい道である。サンスクリット語ではアールヤ・アシュターンゴー・マールゴーという。前述したようにアールヤは「聖」、アシュターンゴーは「八つの」、マールゴーは「道」の意味で、八聖道、八支正道などとも訳される。「正」は仏教の基本的立場である中道を意味する。すなわち苦行や享楽の両極端にかたよらない中立的な立場である。

正見《しょうけん》・正思《しょうし》・正語《しょうご》・正業《しょうごう》・正命《しょうみょう》・正精進《しょうしょうじん》・正念《しょうねん》・正定《しょうじょう》の八つからなる。

まず正見は、正しいものの見方、知識である。具体的には四諦のひとつひとつについての正しい認識である。すなわちこの世の中を苦と見ること（苦諦）。苦の原因が渇愛にあることを認識すること（集諦）。苦は消滅するものであり、それが滅したところが究極の理想の境地（涅槃《ねはん》）であるという認識（滅諦）。そしてこの理想の境地に至るためには八正道があるという認識（道諦）。要するに縁起の法則や四諦説にもとづいて世の中を正しく認識することである。

正思は、今あげた四諦の道理を正しく思惟すること。正語は、正しく真実のあることばを発すること。妄語と両舌と悪口と綺語《きご》とを離れることであるという。妄語は嘘や妄想的なもの、両舌は俗にいう二枚舌。悪口は罵倒したり人の悪口をいったりすること、綺語は奇をてらったようなことばというほどの意味である。

正業は正しい行ないである。具体的には殺生をしないこと。不与取、すなわち自分に与えられた以外のものを取らないこと。愛欲を原因とする邪行を離れることである。これは仏教の戒律の根本であり、在家のものでも仏教徒として守るべき規範である。

正命は、出家のものが行なうべき正しい生活である。結婚することなく、異性と交わることなく、邪悪な生活を捨てて正しい生活をすることである。

正精進は、悪を離れ、善を行なうように努力することである。まだ生じていない悪は生じないように努力し、すでに生じてしまった悪はこれを断ずるように努力すること。また、まだ生じていない善は起こるように努力すること。すでに起こった善はますます増大するように努力することである。

正念は、邪念を離れて正しい道を憶念すること。肉体が不浄であること、感覚が苦しみに満ちていること、心が一瞬たりとも定まることがない（無常な）こと、そしてこの世のすべてに固定的な実体がないこと（無我）をいつも心にとどめて忘れないことである。

最後に正定は、正しい瞑想（禅定《ぜんじょう》）である。解脱を実現するための実践法である八正道は、この正定に集約することができる。なぜなら釈迦が菩提樹下の瞑想によって悟りをひらいたように、最終的な解脱の智慧は瞑想によって得られるからである。この正定の具体的内容が四禅である。

四禅は禅の境地の四段階

四禅《しぜん》は古く釈迦在世当時から行なわれていたもので、初禅《しょぜん》、二禅《にぜん》、三禅《さんぜん》、四禅の四つの段階からなる。あとに行くに従って瞑想は深まるのである。

まず初禅は、もろもろの欲望を離れ、喜びと安楽を感じるが、まだ思慮分別が残っている状態である。仏教では分別、思慮を精神の統一を妨げるものとして歓迎しない。なぜなら外界の対象を認識（分別）し、あれこれと考える（思慮する）ことによって心がとらわれ、集中が妨げられるからである。

次に二禅は、分別と思慮も静まり、心が統一して喜びと安楽とを感じる状態である。三禅になると、喜びと安楽も捨て去り、ひたすら安楽を享受する状態である。二禅では喜怒哀楽の喜が残っているために、喜びを感じた心に多少の起伏が残る。しかし、三禅では安楽に包まれるのみの状態になる。

最後の四禅になると安楽もなくなる。つまり苦楽を超越して心は完全に平静、清浄になる。この段階で解脱が得られ、涅槃の境地に安住することができるのである。涅槃の境地は炎が「吹き消された状態」であるという。この境地に安住すれば、すべての活動は停止する。したがって新たな業をつくることもなく、再生することもない。

このような四禅に安住することが正定である。そして正定は八正道の中核をなし、そのクライマックスなのである。

八正道は四諦の実践法として釈迦が鹿野苑《ろくやおん》における最初の説法で明らかにしたとされ、初期の仏教徒にとってもっとも基本的な修行方法であった。後世、八正道はさまざまな修行法と組み合わされ、改変変容されてきた。しかし今日でも、仏教の実践の基本は八正道にあるといってもよいだろう。仏教徒の生活は、出家在家を問わず八正道に集約されるのである。

—9 神通力—

釈迦は神通力を使うことを戒めた

神通力は仏教以前からあった

釈迦が生まれたとき、ヒマラヤ山中にアシタという仙人がいた。彼は希有《けう》の瑞相《ずいそう》を見て釈迦の出生を知った。そして中空を飛んで釈迦の出生地であるカピラヴァストゥに行き、生まれたばかりの釈迦に会った。アシタは眼前にいる幼児が将来、悟りをひらいて仏陀になるであろうことを予言する。

これは仏伝に出てくる有名な話だが、ここには遠隔地で起きた出来事を知る能力、空中を飛ぶ能力、未来を予言する能力が語られている。これらの能力は一種の神通力《じんずうりき》で、インドでは仏教が興る以前から認められていたようである。

サンスクリット語で神通力はアビジュニャーといわれるが、これは仏教独自の用語らしい。インド一般にはアイシュヴァルヤといわれ、自在と訳される。どちらにしても超自然的な能力、いわゆる超能力であることに違いはない。

八種の超能力

インドでは古くから微細《みさい》・軽妙・遍満《へんまん》・至得・三世間之本主《さんせけんのほんしゅ》・随欲《ずいよく》・不繋属他《ふけいぞくた》・随意住《ずいいじゅう》の八つの自在が認められていた。

微細は身体を自由に小さくすること、軽妙は身体を自由に軽くすること、遍満は大きくすることである。また、至得はほしいものを自在に手に入れることのできる能力、三世間之本主は三界、すなわち全世界（全宇宙）を支配することのできる能力である。さらに随欲は望みのままにあらゆるものを創り出すことができる能力、不繋属他は存在するものを何でも支配下に置くことができる能力である。そして最後の随意住はどこでも望むところに住むことができる能力である。

仏教の五通、六通

このような八つの自在は、多少形を変えて仏教にもとり入れられ、神通力といわれるようになった。仏教では五つ、あるいは六つの神通力を数える。これを五通、または六通と称する。

第一は神足通《じんそくつう》といわれるものである。これには望むところに自由に行くことのできる神足、身体を自由に変化させることのできる如意、欲するものを自在に創り出すことのできる神境の三つがある。

第二は天眼通《てんげんつう》といわれるもので、未来を予知する能力。俗にいう千里眼である。

第三は天耳通《てんにつう》と呼ばれる。これはあらゆることばや音を聞いて、それを識別する能力である。一〇人の人が同時に話すことばをすべて理解したといわれている聖徳太子などは、さしずめ天耳通を備えていたということになるであろう。

第四は他心通《たしんつう》である。これは他人の心のはたらきを知る能力、すなわち人が何を思っているかがたちどころにわかる能力である。

第五は宿命通《しゅくみょうつう》で、これは前世をつぶさに知る能力である。仏教にかぎらず、インドの行者の中には現在でも前世を語るものは多いという。これらの行者はこの宿命通を備えているのである。

以上を五通といい、これらの能力はいわゆる超能力的なもので、インド一般に認められている八種の自在とも共通している。そしてこの五通は仏教以外の修行者でも身につけることができるという。

これに対して第六の漏尽通《ろじんつう》という能力は、仏教の修行以外では得られないとされている。漏とは煩悩（迷い）のことであり、それを尽くすことである。つまり煩悩を滅して悟りを得る智慧が漏尽通である。以上を六通という。

仏教の修行完成者に三明を認める

さらに仏教では、修行完成者に三明《さんみょう》というものが認められている。これは六通のうち宿命通、天眼通、漏尽通を別出してくわしく述べたものである。

まず宿命通に当たるものが宿命智証明である。これは自己の前世のみではなく、ほかの人の前世についても知ることのできる智慧である。

次に生死智《しょうじち》証明で、死後の運命について知る智慧だという。これは六通の天眼通に当たる。

また漏尽通に当たるものを漏尽智《ろじんち》証明という。煩悩《ぼんのう》を滅《めっ》して悟りを得た自分は二度と輪廻の生存にもどることがないということを明確に自覚する智慧である。

三明は、六通のうち神足通や天耳通、他心通のような単なるマジカルな能力とは異なり、輪廻からの解脱にかかわる悟りの智慧である。そのため、仏教ではとくに神足通などとは区別して重要視した。

これらの神通力は、決して非現実的なものではなく、修行を積むに従って実際に得られたもののようである。しかしこのような超能力は、みだりにあらわせば、いたずらに人心を惑わせる。そのため釈迦は、修行者が神通力を獲得してもそれをみだりに使うことを厳しく戒めた。

日本でも、深山幽谷《しんざんゆうこく》に籠もって苦修練行《くしゅうれんぎょう》ののちに、ある種の神通力を得るものが少なからずあったようである。そして朝廷は、これらの超能力をあらわすものを、人心を惑わすものとして厳しく罰した。修験道《しゅげんどう》の開祖とされる役小角《えんのおづぬ》は、妖しい術を使う不穏なやからとして伊豆に流されている。

仏伝によれば、釈迦自身、多くの神通力を備えていたという。それだけにその危険性についてもよく自覚していたのである。神通力が正しく使われれば、まさに仏教の目指す心の救済に有効である。しかし、それが邪悪な目的で使われたとき、人びとに与える影響は甚大である。超能力ブームの現代、超能力を備えているという多くの人びとが耳目を集めている。これらの大半は、売名や金もうけが目的の偽物であると断言できるであろうが、中には一握りの本物がいることも事実であろう。偽物は論外としても、真に超能力を備えた人たちとって釈迦の戒めは重要である。

―10 涅槃―

涅槃とは「悟り」のことである

涅槃とは煩悩の炎が吹き消された状態

釈迦が亡くなったときの光景を描いたものに、「涅槃図《ねはんず》」「涅槃像」というのがある。日本では二月一五日を釈迦の入滅《にゅうめつ》の日とし、寺院では涅槃図を掲げて「涅槃会《え》」という法要を営み、釈迦の菩提《ぼだい》を弔い遺徳をしのぶ。このようなことから、日本で涅槃というと釈迦の死の代名詞のような印象がある。しかし、涅槃は釈迦の死だけを意味するのではない。

サンスクリット語で涅槃のことはニルヴァーナという。このことばの原意は「吹き消すこと」あるいは「吹き消された状態」である。何が吹き消されるのかといえば、迷いや煩悩《ぼんのう》の炎である。そしてそれらが完全になくなった究極の理想の状態が涅槃の境地なのである。

物理学ではマイナス二七四度を絶対零度と呼んでいる。この温度になるとすべてのエネルギーはいっさい活動しなくなり、まったくの静寂の世界が訪れるという。涅槃とはこれと類似の状態で、あらゆる活動がなくなった世界であるといわれる。

活動がないということは必然的に業《ごう》をつくらないことになる。輪廻《りんね》の原因は業にある。したがって業がなくなれば輪廻することもなくなる。そうなればあらゆる苦しみから解放され、絶対的な平安の境地に安住することができる。これを涅槃寂浄《じゃくじょう》という。

三法印

初期の仏教では、諸行無常《しょぎょうむじょう》・諸法無我・涅槃寂浄を三法印《さんぼういん》と称して仏教の根幹思想とみなした。

諸行無常は、あらゆるものが一瞬たりともとどまることなく変化しつづけるという真理、また諸法無我はすべて固定的な実体（我）が存在しないという真理である。諸行無常と諸法無我は仏教における根本的な世の中のとらえ方であり、このように世の中を認識するとき、永遠の寂浄である涅槃の世界は輝きを増してくる。無常のこの世では一瞬たりともこころ休まる暇がない。こころの平安を求めれば、必然的に涅槃寂浄を志向するようになる。

人間は業を積むかぎり輪廻転生するのであるから、死によって苦しみの生存に終止符を打つことはできない。すべての人が死によって永遠の寂浄の世界におもむけるわけではないのである。一方、生きているうちでも釈迦のように解脱の境地に達することができる。

釈迦は菩提樹の下で悟りをひらいたときにこの涅槃の境地に達した。そしてそれから四五年にわたって布教活動をつづけた。つまり、釈迦は生きているうちに涅槃の境地に達していたのであり、涅槃は釈迦の死の代名詞ではないのである。

涅槃説の発展

後世の仏教では、存命中の涅槃と死後の涅槃を区別するようになった。

釈迦は三五歳で悟りをひらいた。このときすでに絶対の安楽の境地に達していたが、肉体をともなっているかぎり寒暑や老い、病による苦をまぬかれることはできない。精神的には解放されているが、肉体的にはさまざまな制約を受けている。釈迦の入滅に至る最後の旅を描いた『大般《だいはつ》涅槃経《ねはんぎょう》』というお経には、死を間近にした釈迦が、老いと病に苦しむようすが詳細に述べられている。このような生前の涅槃を有余依《うよえ》涅槃というが、それは苦のよりどころとしての肉体を残しているという意味である。

これに対して死後の涅槃を無余依《むよえ》涅槃という。死後は肉体の苦しみもなくなるので、完全に制約のない真実の涅槃が得られるといわれるのである。そして時代が下がると灰身滅智《けしんめっち》といって、むしろ肉体的な生命のなくなることを涅槃と考える説も行なわれるようになった。

また有余依涅槃、無余依涅槃とは別に、涅槃は生死にかかわりなく無限に自由で自在な境地であるという説も行なわれるようになった。これを無住処《むじゅうしょ》涅槃といい、ここにおいて人は完全にいっさいを超越した安楽の境地に安住するといわれる。

生死即涅槃

さらに時代が下がると、涅槃は大乗仏教の根本思想である「空《くう》」と結び付けて考えられるようになった。空の思想は、存在するものにはなんら実体がないことを追求し、とらわれのない立場を徹底してつきつめたものである（→空の思想）。このような徹底したとらわれのない立場に立ったとき、日常生活からはるかに隔絶された超越的な世界である涅槃が、日常の世俗の生活との関連でとらえられるようになった。そして新たに生死即涅槃《しょうじそくねはん》という立場が示され、それが大乗仏教の涅槃観の基礎になった。

道元禅師《どうげんぜんじ》は有名な『正法眼蔵《しょうほうげんぞう》』の中で「この生死は、すなわち仏の御《み》いのちなり」といっている。われわれの世俗の生活は、仏の御いのちによって生かされているということである。そしてそのような立場に立って世俗を見るとき、世俗の現実は意義深いものになってくる。生死（世俗）を離れて理想の世界（涅槃）はなく、涅槃を離れて生死はない。つまり生死即涅槃の立場に立てば生死と涅槃が同等の価値になる。両者の差別を超越したとき、世俗の生活はそのまま仏の御いのちと融合して至高の境地に至ることができるというのである。

―11 教団―

釈迦の死と教団の形成

まず経典編纂会議を開いた

釈迦は八〇歳でこの世を去った。在世当時仏教はすでに広く普及しており、教団が組織されていた。十大弟子と称される一〇人のすぐれた弟子を中心に、多くの弟子や信者がいたのである。そして釈迦が亡くなると、十大弟子たちが中心になって仏教教団の運営がはかられた。

初期の仏教教団がまず着手したのは経典の収集であった。仏滅直後には、十大弟子の呼びかけで、インド中部のラージャグリハ（王舎城《おうしゃじょう》）というところに五〇〇人の弟子たちが集まって経典の編纂会議（結集《けつじゅう》）が開かれた。これを第一結集といい、これによって釈迦の教えである経と、教団の規律である律が整理されて経典の基礎ができあがった。初期の仏教教団はこれらの経典を伝えながら修行して、悟りを目指していたのである。

そして釈迦の教えや戒律の解釈をめぐる研究も盛んに行なわれ、弟子たちによる論書もつくられるようになった。これが論蔵である。このようにして仏教教団は経・律・論の三蔵を備えるに至ったのである（→仏典の分類）。

しかし、一方で経や律の活発な研究活動により弟子たちの間に意見の相違があらわれ、対立することもあっただろう。このことがのちに教団が分裂する原因にもなる。このように仏教の教団は釈迦亡きあとにも弟子たちによって厳然と営まれていった。しかし、そこにはすでに、部派仏教の時代を迎え、やがては大乗仏教に発展する要素を含んでいたことも事実なのである。

初期の仏教教団＝サンガ

仏教の教団のことをサンスクリット語でサンガという。これを音写して僧伽《そうぎゃ》といい、略して僧という。日本では僧というと一個の僧侶を指すが、もともと僧は僧侶のグループの意味なのである。

僧伽はまず、男性の出家修行者である比丘と女性の出家修行者である比丘尼《びくに》が、それぞれ比丘僧伽、比丘尼僧伽を形成していた。また在家の信者は、男性が優婆塞《うばそく》、女性は優婆夷《うばい》と呼ばれる。

比丘、比丘尼はともに「乞う人」の意味で、在家の信者の布施《ふせ》によって修行し、かれらを教え導く人のことである。また優婆塞、優婆夷は「かしずく人」の意味である。かれらは比丘や比丘尼にかしずいて、食物などを布施して経済的に援助し、一方で出家者から指導を受けて在家としての宗教生活を営む。現在、日本における寺院と檀家も、基本的にはこのような関係にあるのである。比丘・比丘尼・優婆塞・優婆夷を「仏の四衆《ししゅ》」といい、仏教教団は早い時期から出家と在家が相補いながら形成されていたのである。また比丘、比丘尼の教団は基本的には同じ構造であるが、両者が混合することはなく厳然と区別された。

仏教はインドの伝統的な宗教と異なり、すべての人が平等であることを主張した。したがって誰でも仏教の信者になることができた。信者になりたいものは比丘や比丘尼の前で仏法僧《ぶっぽうそう》の三宝に帰依し、仏教の信者になるむねを告げればよい。以降は比丘や比丘尼が在家の信者としての生活を指導する。信者になった人は不殺生《ふせっしょう》、不邪婬《ふじゃいん》などの五戒を授かりこれを守る。

また出家をしたい人は「具足戒《ぐそくかい》」と呼ばれる入団許可の儀式を経て僧伽にはいる。二〇歳以上のもののみが僧伽にはいる資格がある。二〇歳以下のものの場合は、まず出家の儀式を受けて沙弥《しゃみ》（または沙弥尼）となり、十戒《じっかい》を守るのである。

僧伽にはいったものは和尚《おしょう》を定め、その指導を受けて修行する。かれらは「釈子沙門《しゃくししゃもん》」と呼ばれ、妻子や財産、地位、名誉など世俗的なつながりはすべて捨てて「釈迦の子」となるのである。僧伽の中ではすべての人が平等で階級差別はまったくない。ただし長上をうやまい礼儀を守ることはうるさくいわれる。一日でも先に出家したものは長上である。この秩序は厳然と守られるべきである。このことは現在の日本の禅宗寺院などでも厳格に守られている。また戒律に違反したものは僧伽の決議によりいさめられ、重罪を犯したものは追放される。

このように上下の秩序と戒律を守り、和尚に日常生活の行儀などの指導を受け、戒律や仏教の教えを学び、瞑想（坐禅）をし、托鉢によって日々の食事などを得て修行に励む。托鉢で得た食物や衣服などすべてのものは平等に分かち合う。僧伽は一種の互助の精神で運営されているので、病気のときには健康なものが看病して病人を助けるのである。

現前僧伽と四方僧伽

僧伽はある土地に四人以上の比丘、比丘尼がいれば形成することができる。これを現前僧伽《げんぜんそうぎゃ》といい、希望すれば誰でも入団することができた。人数には上限はないがあまり多くなると運営上支障がでるし、精舎《しょうじゃ》、すなわち比丘の生活拠点の収容能力にも限界がある。また僧伽は在家の人々の布施によって成りたっている。したがって、その土地の経済力に依存しているため、地域の経済的な許容能力も関係してくる。このためある土地の僧伽の人数はおのずから制限されたであろう。

現前僧伽は僧伽の自治の単位であり、比丘、比丘尼の生活の拠点である。このような現前僧伽は早い時期から各地に点在していた。そして比丘の生活は、一ヵ所に定住しない遊行《ゆぎょう》が基本だった。このような遊行生活を可能にするため、常に僧伽は開放されていたのである。一定の資格を備えた比丘であれば、ある現前僧伽を退団して、ほかの現前僧伽に移ることは自由だった。托鉢で得た食物などはその現前僧伽の比丘たちが公平に分配したが、精舎をはじめ什器や備品などは、すべての比丘が平等に使用することのできるものでなければならなかった。

僧伽はつねに四方に開放されており、その意味で僧伽は四方僧伽と呼ばれた。すなわち四方僧伽は仏教の全教団を指すのである。現前僧伽は比丘の離合集散によってなくなることもあるが、四方僧伽は仏教が存在するかぎり永久に存続する。そして地域的にも無限の広がりを見せるのである。

このように現前僧伽と四方僧伽というふたつの組織を組み合わせることによって、比丘たちは修行生活を円滑に進めることができた。そして仏教の僧伽はこの円滑、円満な生活を可能にすることから、「和《わ》合僧《ごうそう》」と呼ばれた。この和合僧とは、とりもなおさず平和を実現する組織なのである。

タイ・チェンマイの寺院

僧伽は仏教の伝播とともにアジア全域に広がりを見せた。日本の寺院ももちろん僧伽の理念にのっとったものである。雲水《うんすい》の遊行《ゆぎょう》を基本とする禅宗寺院などは、僧伽の原型を色濃くとどめているといえよう。また仏教が国教化したチベットでは何万人単位の巨大なチベット仏教寺院が出現した。これも僧伽である。そしてスリランカやタイ、ビルマなどのいわゆる上座部仏教の諸国では、現在でも初期の僧伽に近い形のものが存続している。

part.2

大乗仏教

——12　大乗と小乗——

小乗は大乗から見た蔑称だった

「乗」は「乗り物」のこと

大乗《だいじょう》・小乗《しょうじょう》の「乗」はサンスクリット語でヤーナといい、「乗り物」の意味である。つまり人を乗せて彼岸に渡す乗り物をあらわす。大乗はマハー・ヤーナで「大きな乗り物」、小乗はヒーナ・ヤーナで「小さな乗り物」である。

大乗仏教は利他《りた》の教えといわれるように、他者を救済し幸せにすることを目的としている。そのためその乗り物は多くの人が乗ることのできるものでなくてはならない。このことから大乗、すなわち「大いなる乗り物」または「偉大な乗り物」といわれる。これに対して小乗仏教は自利の教えである。自己の人格を完成し、自己が救われ幸せになることを目標にする。このため一人用の乗り物で足りることになる。それで小乗を「小さな乗り物」あるいは「劣った乗り物」というのである。

このような大乗・小乗の呼称はもちろん、大乗仏教が興起してからのものである。そして大乗仏教徒は、みずからの教えを自負して「大乗」という一方、小乗仏教の徒をさげすんで「小乗」と呼んだ。したがって大乗・小乗の呼称は大乗仏教の徒が一方的に使ったものであり、批判の意を込めて小乗仏教といった。旧来の仏教徒がみずからを小乗ということは決してないのである。

このような歴史的背景を考慮して、一九五〇年に発足した世界仏教徒会議では、小乗・大乗の差別的な呼称を使わない決議を行なった。今日ではこれにしたがって、いわゆる旧来の小乗仏教であるセイロンやタイ、ビルマなどの南方仏教のことを上座部《じょうざぶ》仏教と呼ぶようになった。

大乗仏教以前の旧仏教を小乗と呼んだ

小乗仏教の名は大乗仏教徒によって名付けられたのだが、ではどの仏教を指して小乗仏教というのであろうか。ごく簡単にいえば、小乗仏教とは大乗仏教が興起する以前の旧来の仏教である。

釈迦の在世当時から、多くの弟子が集まり、仏教教団を形成していた。そして釈迦の滅後は弟子たちの手によって教団が運営され、教えが広められたのである。在世当時は、弟子たちは釈迦の教えを直接聞くことができ、仏滅後も、まだ釈迦の記憶が鮮明な弟子たちの口から釈迦の教えが伝えられた。

このため釈迦の在世当時から仏滅後一〇〇年ぐらいまでの間は原形に近い釈迦の教えが伝えられ、仏教徒たちはそれに忠実にしたがって宗教生活を営んでいたといえる。この時代の仏教を原始仏教、あるいは根本《こんぽん》仏教などと呼んでいる。

ところが仏滅後一〇〇年を過ぎるころになると仏教徒の間に教義や戒律について意見の相違があらわれるようになった。仏教の史書によれば、仏滅後一〇〇年のアショーカ王の治世にマハーデーヴァ（大天《だいてん》）という人が十ヵ条の新しい教義を主張し、これに反対する保守派の上座部と、賛成する改革的な大衆部《だいしゅぶ》とに仏教教団が分裂したという。

その後仏教教団は分裂をくり返し、仏滅後四〇〇年ごろまでには二十の部派《ぶは》に分かれ、これを小乗二十部派と呼んでいる。この部派に分かれた仏教を部派仏教といい、一般にはこれを小乗仏教と呼ぶのである。ただし、小乗仏教の定義は必ずしも明確ではなく、広義には、先の原始仏教をも含めて小乗仏教と呼ぶこともある。

そして部派仏教のうち保守的な上座部の系統は、最初にセイロン島に伝わり、時代が下るとタイ、ミャンマー（ビルマ）などの東南アジア各地に伝わった。現在でもこれらの国々では、伝統的な上座部仏教が信仰されている。ただし今日では、差別的な呼称である小乗仏教の語は使わず、上座部仏教と呼ぶことは先に述べたとおりである。

また大乗仏教興起の経緯は必ずしも明確ではないが、部派仏教のうち大衆部の系統はのちに押しなべて大乗仏教に発展していった。

大乗仏教は釈迦没後三〇〇年経ってから

紀元前一世紀ごろから仏教内に新しい動きが興った。仏滅後、釈迦の遺骨は八つに分けられて仏塔に手厚くまつられた。各地の仏塔には釈迦の遺徳をしのんで多くの人びとが訪れるようになり、仏塔は規模を拡大していった。そしてそこにはしだいに仏塔を中心とする信仰が形成されていったのである。

仏塔には在家の信者が多く集まり、出家の法師などがかれらに仏伝を語り、法（教え）を説いた。ここに在家の信者を母胎とする新しい仏教教団が成立した。これが大乗仏教の原動力となるのである。そしてかれらは今までとは異なった独自の仏教思想を展開し、それらを織り込んだ経典をつくり出す。これが『般若経《はんにゃきょう》』や『法華経』などに代表される大乗経典である。

これらの経典の中で、空《くう》の思想や永遠の生命としての仏陀（釈迦）の存在を説いた。そして誰もが釈迦と同じように仏になる素質（仏性《ぶっしょう》）を備えており、どんな人でも釈迦と同じ悟りの境地に達することができるということを強く打ち出したのである。それまでの仏教と異なる新しい立場に立った大乗仏教は、在家の信者を中心に多くの人びとの支持を得て発展した。

やがて大乗仏教の思想は膨大な経典とともに中国に伝えられ、朝鮮半島を経由して日本に伝播した。一方、大乗仏教はチベットなどにも伝わり、チベット仏教として独自の発展をとげた。インドでは一三世紀のはじめに、イスラム教徒の侵攻によって仏教は事実上滅亡した。しかし、それ以前に各地に伝播した大乗仏教は、その土地の文化などの影響を受けて変容しながらしっかりと根を下ろしている。現在、日本の仏教にはさまざまな宗派があるが、これらはすべて大乗仏教である。

大乗と小乗の違い――ひとりの救済から万人の救済へ

ここで大乗仏教と小乗仏教との違いについて簡単に触れておこう。

まず小乗仏教では、自己の人格の完成、すなわちおのれひとりの悟りを求めて修行する。これを自利行《じりぎょう》といい、悟りをひらいたものを阿羅漢《あらかん》（羅漢）という。小乗仏教が自己の利益のみを求めたのは、ひとつにはこの時代にはまだ偉大な釈迦の印象が鮮烈に残っており、普通の人間は、最大限の精進努力をしても自己の悟りに達することが精一杯と考えられたからである。すなわち釈迦のように悟りをひらいたうえに多くの他者を救済することなどとうていできないと考えた。そしてこのような自利の立場が大乗から非難されて、小乗といわれたのである。

一方、大乗仏教は自利利他円満を理想とする。つまり自己の悟りを完成させたうえで、他者の救済もするというのが理想である。これは誰もが釈迦と同じ悟りの境地に達することができるという考え方である。そして大乗の教徒はみずからを「菩薩」＝「悟りを求めるもの」と呼んだ。

小乗仏教では菩薩は、釈迦の前世の修行時代を指すものだった。釈迦は、悠久の過去から何回も何回も生まれ変わり、そのつど厳しい修行をして善行を積んだために偉大な悟りに到達することができたという。この釈迦の修行時代を菩薩と称した。

それが大乗仏教では、すべての人が釈迦と同じ悟りの境地に達することができると考えた。このことから、誰もが釈迦と同じ偉大な悟りを目指す菩薩であると考えるようになったのである。

また小乗仏教では、ごく一部の厳格な出家修行者のみが悟りの境地に達することができるとされた。そしてそのような、いわば仏教のエキスパートの中で悟りに到達したものが、阿羅漢と呼ばれて人びとの尊崇を集めた。阿羅漢は修行を完成した人に与えられる称号で、尊敬すべき人、尊敬に値する人の意味である。小乗の教えでは、悟りはごく一握りの仏教的エリートしか体得できず、大部分の人は阿羅漢を賛嘆し、その功徳にあずかる程度にとどまった。すなわち悟りを積極的に求めて修行に参加することができなかったのである。

これに対して大乗仏教では、すべてのものに悟りの門戸が開かれている。大乗仏教は在家の信者を中心に発展したため、誰もが出家修行者のような特別な修行をすることができない。そこで日常生活の中に修行を完成させようとする方向に進んだ。その修行方法が布施《ふせ》・持戒《じかい》・忍辱《にんにく》・精《しょう》進《じん》・禅定《ぜんじょう》・智慧《ちえ》の六波羅蜜《ろくはらみつ》である。まず人に施すという「布施」から始めて悟りの「智慧」を完成しようというものであり、社会生活、日常生活を営む中で宗教的な行為を実践していくのである。小乗仏教はエキスパートの仏教、大乗仏教は大衆的で全員参加型の仏教ということもできる。

―13　菩薩―

菩薩とは「悟りを求めるもの」

もとは釈迦の修行時代の呼称だった

菩薩《ぼさつ》はサンスクリット語でボーディ・サットヴァという。これを漢訳（音写）して菩提薩埵《ぼだいさった》といい、略して菩薩というのである。ボーディ（菩提）は「悟り」、サットヴァは「存在（衆生《しゅじょう》）」の意味で、「悟りを求めるもの（衆生）」というのが菩薩の意味である。

仏教では早くから釈迦の伝記である仏伝がつくられたが、その中には本生話《ほんじょうわ》という釈迦の前世の物語が多く含まれている。釈迦が偉大な悟りに到達するまでには、何度となく生まれ変わり、善行を積んで修行したとされる。部派仏教ではこのような修行時代の釈迦（仏陀）を指して菩薩と称したのである。

仏教では、釈迦を含めて過去に七人の仏陀（偉大な悟りに到達した人）がいたと考え、その人たちを過去七仏《しちぶつ》と呼んでいる。したがって部派仏教時代には、菩薩といえば過去七仏と、未来仏として著名な弥勒《みろく》菩薩の修行時代を指すのであって、ごく限られた人に対する尊称だった。

大乗仏教の主役になった菩薩

　部派仏教の時代には、あまりにも偉大な釈迦の悟りにはとうてい到達できないと考えられていた。しかし大乗仏教は、すべての人が釈迦と同じ悟りに到達できると標榜した。つまり人が仏陀（悟ったもの）になる可能性、仏性をもっていると考えるようになった。このことが菩薩の観念を大きく変えた。

　大乗仏教では、誰でも菩提（悟り）を求めて六波羅蜜《ろくはらみつ》の修行をすれば悟りを得ることができると考えた。そして出家、在家を問わず、大乗仏教徒はみずからを菩薩と呼ぶようになった。このことから大乗は菩薩乗《ぼさつじょう》ともいわれ、菩薩を中心とする仏教である。

　大乗の菩薩の基本的立場は「上求菩提《じょうぐぼだい》、下化衆生《げけしゅじょう》」といわれ、また「自未得度先度他《じみとくどせんどた》」といわれた。前者は、上には菩提（悟り）を求め、下には衆生を教化して悟りに至らしめるということ、また後者は、みずからが彼岸《ひがん》（悟りの境地）に渡らなくても、他者を先に悟りに至らせるということである。すなわち大乗の菩薩は、自分の利益に優先して他に利益を与えるという徹底した利他行を特徴とする。

　さらにこのような大乗の菩薩の観念は、普賢《ふげん》菩薩や観音菩薩のように、すでに悟りを得ている菩薩が衆生の救済のためにこの世に出現するという、いわゆる大菩薩信仰を生み出した。これら

行基菩薩像

の大菩薩は菩提を求めるものとしての大乗の徒とは区別されている。
また、インドや中国、日本には、仏教思想の研究にすぐれた成果をあげ、あるいはすぐれた宗教活動を行なった多くの高僧がいるが、これらの高僧たちの尊称としても菩薩号が使われた。日本では、奈良時代の行基《ぎょうき》や、鎌倉時代の日蓮などは、行基菩薩、日蓮大菩薩と尊称されている。

14 中国仏教

仏教、中国へ渡る

仏教の伝播

中国への仏教の初伝は紀元前二年とされているが、これはあくまで文献上の記録であって異説もある。それ以前にシルクロードを通って西域《さいいき》の僧侶たちが仏教を伝えていたことは確実で、すでに後漢時代につくられた仏像が最近発見されている。

初期の仏教は老荘思想や神仙《しんせん》思想と融合しながら受容された。その後中国の仏教は道教や儒教と互いに影響しあい、対立しながら発展していくのである。二世紀の後半には経典の翻訳もされるようになり、仏教はしだいに中国社会に広まっていった。そして五胡十六国の時代には有名な道安《どうあん》（三一二年〜三八五年）が出た。かれは仏教の学問的な研究はもとより、仏教が机上の空論に陥らないために実践にも力をそそいだ。道安によって中国仏教は学問的にも、また信仰としてもその基礎を確立したということができる。

道安は前秦の符堅《ふけん》（三五七年〜三八五年在位）にすすめて西域から鳩摩羅什《くまらじゅう》（三四四年〜四一三年）

を迎えさせた。長安にやってきた鳩摩羅什は本格的に訳経事業にとりかかった。すぐれた訳語を駆使したかれの翻訳は一時代を画するものになり、これによってはじめて漢訳のみで仏教の理解が可能になった。

さらにこの時代には、中国人僧侶の中に経典を求めて西域やインドに行くものがあらわれる。二六〇年には朱子行《しゅしこう》という人が最初に西域に『般若経』を求めた。三九九年には、有名な法顕《ほっけん》が西域を巡遊し『仏国記《ぶっこくき》』を著した。以降、西域やインドに求法するものは多く、仏教がインドから直輸入されるようになった。この結果、経典の整備も進み、南北朝時代にはそれらの経典研究にもとづく成実宗《じょうじつしゅう》や涅槃宗《ねはんしゅう》などの諸学派が成立した。またこの時代に達磨《だるま》によってもたらされた禅は、その後の中国仏教に大きな影響を与えた。

皇帝や貴族の中にも仏教に帰依するものが多く、この時代の仏教は国家の保護のもとに急速に発展した。そのことが道教などとの摩擦を生じ、排仏の機運を高めることにもなった。以降、中国の仏教は排仏と護法のくり返しの中に発展していくのである。

隋唐時代——仏教の全盛期

南北朝時代に基盤を確立した中国仏教は、次の隋唐時代になると、飛躍的に発展して全盛期を迎える。この時代には仏教学の研究はいくつかの学派のようなものに分かれて行なわれ、それぞれの専門分野の研究にもとづく宗派が成立した。初期には三論宗や天台宗が、中期には律宗・法《ほっ》相宗《そうしゅう》・華厳宗《けごんしゅう》・真言宗などが成立し、その後の中国仏教に大きな影響を与えることになる。また民衆の間に浄土教が広まり、禅宗も独自の発展を遂げた。

中でも重要なのは天台宗と華厳宗である。

天台宗は北斉《ほくせい》の慧文《えもん》を初祖として創始されて、慧思《えし》に受け継がれ、第三祖の智顗《ちぎ》によってその教理が大成された。天台宗の思想は『法華経』を中心とする一種の仏教統一論であり、『法華経』を中国的に解釈して独自の体系を打ち立てたものである。後年、天台の思想は最澄によって日本にもたらされ、日本仏教の発展に大きく貢献したことは周知のとおりである。

華厳宗は杜順《とじゅん》を祖とし、智儼《ちごん》、法蔵《ほうぞう》と受け継がれた。この宗派は『華厳経』にもとづいてその思想を展開するのだが、第三祖法蔵は精密な研究によって華厳宗の教理を大成した。

天台宗、華厳宗の出現は中国仏教の二大思潮であり、中国独自の深遠な仏教哲学を展開した。この時代に両宗が成立し、大成されたという事実がのちの中国仏教に果たした役割はあまりにも重大である。

さて隋唐時代のアカデミズムとは別に、中国仏教に大きな影響を与えた活動があったことを見逃すことができない。

それは禅宗と浄土教である。このふたつの系統は、より手近で実践的であり、仏教が信仰として人びとに浸透するための大きな力になった。

禅宗は早い時期から中国に伝えられていたが、菩提達磨《ぼだいだるま》を初祖として一宗を形成するに至った。はじめ山寺を中心に地味な布教活動を行なっていたが、五祖弘忍《ぐにん》（六〇二年〜六七五年）のころになるとにわかに信者が増え、六祖慧能《えのう》の時代には山寺のみならず都市にまで信者が拡張した。この隋唐の時代に今日の禅宗の伝統が形成されたのである。

次に浄土教は、廬山《ろざん》の慧遠《えおん》にはじまる。かれが白蓮社《びゃくれんしゃ》という念仏結社を組織して浄土教団が確立した。そして道綽《どうしゃく》によって急成長し、その弟子の善導《ぜんどう》によって大成された。中国の浄土教は慧遠、善導、そしてインドに留学してインド流の浄土思想を伝え、それと禅との一致を説いた慈愍《じみん》の三つの系統に分かれて発展する。日本には善導の系統が伝えられた。

民衆の仏教として中国人の心に深く浸透した浄土教と禅宗は、幾多の排仏にも耐え、後世に至るまで力強くその命脈を保ちつづけている。

宋代の仏教——大蔵経の開版

隋唐の時代はあらゆる仏教が開花し大成された時代である。仏教思想は唐代までに新たな発展の余地のないほど円熟してしまった。排仏と護法の中に宋代以降も引きつづき仏教は盛んに行なわれたが、円熟期を迎えた中国仏教に新たな解釈を立てる優秀な人材も出にくく、また基盤の確立した教団を生活のよりどころとする僧侶なども増加した。そのことが民衆をして仏教を軽視せしめ、また僧侶の堕落を生むことにもなった。

宋代の仏教で特筆すべきことのひとつは大蔵経《だいぞうきょう》の開版である。宋の太祖は一二年の歳月をついやして大蔵経の出版事業を行なった。それ以前にも仏典の刊行は行なわれていたが、仏教叢書として大蔵経が刊行されたのはこれがはじめてである。大蔵経の刊行はその後の仏教の研究と普及に多大な貢献を果たした。

またこの時代、知識人の中にも仏教を信奉するものが増え、かれらは熱心に仏教を学んで深く理解した。そのことが儒者にも影響を与え、儒教と仏教の融合が試みられることになった。宋代の儒者たちは仏教思想に影響されて独特の「宋学」を生み出すに至るのである。

元・明時代の仏教

元はモンゴル民族のフビライによる統一国家である。広範囲におよぶ諸族を武力で制圧した元朝ではあるが、宗教には寛容で、仏教をはじめとする旧来の宗教はもとより、新来の宗教に対しても平等な援助を惜しまなかった。しかし、とりわけチベット仏教は、モンゴル人の気質に適合したためか特別の地位を得るに至る。その中で旧来の仏教には生彩がなく、見るべきものがなかったことは容易に理解できることである。

次の明朝は、太祖の朱元璋《しゅげんしょう》が幼少時に沙弥《しゃみ》（見習いの僧侶）として寺で生活したことなどから、仏教を保護した。このため旧仏教は復興し、特に禅宗が盛んに行なわれた。また、明王朝は大蔵経の刊行にも力をそそぎ、数種の大蔵経が刊行されて今日に伝えられている。しかし、前代から仏教結社の一揆に悩まされていた明朝は、仏教の取り締まりも行なったのである。

清時代の仏教

清朝は満州族の王朝であり、チベット仏教を手厚く保護し、ほとんど国教化した。太祖の建国の精神はチベット仏教にもとづき、太祖は文殊菩薩の化身と信じられた。

このように清朝はほとんどチベット仏教一色に塗りつぶされた感があったが、一方で仏教を弾圧することもなかったのである。この時代、国家の援助のもとで大規模な大蔵経の刊行が行なわれるなど仏教文化の足跡も残している。

しかし清朝においても、一揆や暴動を警戒して仏教教団に対する規制は厳しかった。僧尼に与えられていたかずかずの特権は剥奪《はくだつ》され、かれらは低い地位に甘んじることになった。このような状況下で清朝の仏教は急激に衰退の途をたどった。そして清朝末期には近代化のための学校教育の重要性が説かれ、仏教寺院や道教の道観が相ついで学校施設などに転用され、寺院財産が没収されるなどの事態が生じた。

これに対して仏教徒側も立ち上がり、中華民国元年（一九一二）には中国仏教総会を組織し、寺院の保護と仏教の復興に尽力した。その結果、仏教系の専門学校が設立され、また仏書の出版も盛んに行なわれるようになった。また知識人の多くも仏教の保護、復興を訴え、中華民国の仏教はしだいに復興の途をたどった。

しかし、第二次世界大戦の勃発やその後の共産中国の出現によって、中国仏教は再び不遇の時代を迎えた。

このように中国の仏教は伝来以来、約二〇〇〇年にわたって排仏と護法の波にもまれてきた。その中でも確実に発展をつづけ、真に中国人の骨肉に浸透した宗教として生きつづけてきたということができるだろう。今日中国本土においてはまださまざまな規制がなされているだろうが、香港や台湾などをはじめ世界中に進出している華僑の中で、仏教は生きた宗教でありつづけている。ただ、その仏教は道教などと渾然《こんぜん》となった、極度に迷信化し俗信化した仏教であることは否めない。しかし、政治の変遷など今後の動きによっては、中国は世界最大の仏教国になる可能性を秘めている。

―15　経典の言語―

お経は何語で書かれたか

最初期の経典は古代マガダ語

日本でお経と呼ばれているものは、ほとんどが漢文で書かれている。しかし、もちろんお経の始まりは釈迦の説法であり、インドでつくられたものである。したがって最初期のお経は当然、インドのことばで語られ、書かれた。

インドは多民族、多言語の国である。現在のインドでは英語を含めて一三の公用語が使われているが、そのほかに文法体系を異にする一〇〇以上の言語が使われているという。釈迦在世当時も多くの言語が存在しており、釈迦は多くの言語に堪能で、説法はその土地の人のことばによって行なったといわれている。

それでは、釈迦はおもに、どこのことばで説法したのであろうか。釈迦は現在のブッダガヤーの菩提樹《ぼだいじゅ》の下で悟りをひらいたのち、ガンジス河中流域の東インドを中心に布教の旅をして、説教をつづけた。当時ブッダガヤーを中心とするこの地方は、仏教に深く帰依したビンビサーラ王の治めるマガダ国が強大な勢力を誇っていた。そして仏滅後一〇〇年ごろにアショーカ王が出て、マガダ国はインド最初の統一王朝マウリヤ王朝へと発展した。アショーカ王はインド史上もっとも深く仏教に帰依し、これを保護した王として有名である。そしてかれは仏教の教えを天下にあまねく行きわたらせるために、各地に仏教の経説を刻んだ石柱を建てた。この石柱は「アショーカ王碑文」として随所で発見され、現在も大切に保存されている。この碑文がマガダ語という言語で書かれているのである（↓釈迦の実在）。

釈迦の経説を記した最初期の経典は現存していないが、アショーカ王碑文がマガダ語で書かれていることから推して、釈迦がそれよりも古い古代マガダ語で教えを説き、その一部はなんらかの方法で記録されたと考えられる、このようなことから現在では、最初期の経典は古代マガダ語で書かれていたと考えられている。

アショーカ王の石柱

西インドから南方諸国へはパーリ語

釈迦の在世当時から仏教は西インドにも広がっていった。そして仏教の教えはその地方で広く行なわれていたパーリ語でとなえられるようになった。パーリ語は古くからあるインドのプラークリット語（地方語、または俗語）のひとつであるが、その発生や、どの民族が使っていたかなどについては謎に包まれている。しかし、仏教の西漸とともに聖典語としての地位を確立していった。そして仏教はアショーカ王の少しあとにはセイロン島に伝わり、のちにビルマ、タイ、カンボジアなど南方諸国に伝播した。これらの諸国にはパーリ語の聖典が伝えられたのである。

またパーリ語は特定の文字をもたない言語であるため、ビルマ文字やシャム文字などで表記され、現在でも各国の文字で表記されたパーリ聖典の大蔵経（叢書）が残っている。これらの叢書は和訳され、『南伝大蔵経《なんでん》』として日本でも刊行されている。

サンスクリット語の仏典と翻訳仏典

時代が少し下がると、インドでは西北インドを中心にサンスクリット語が盛んに使われるようになる。それとともに多くの仏典がサンスクリット語で製作されるようになる。そして紀元一世紀ごろからあらわれはじめた大乗仏教の経典の大部分がサンスクリット語でつくられるようになった。

『法華経《ほけきょう》』『華厳経《けごんきょう》』、また現在もっともポピュラーなお経として有名な『般若心経』などは、すべてサンスクリット語で書かれた。これらの経典の多くはまず西域諸国に伝えられ、そこの言語に翻訳された。現在でもチベット語をはじめモンゴル語、古代トルコ語など、さまざまな中央アジア諸国の翻訳仏典が伝えられている。とりわけチベットでは、七世紀に伝えられて以来、仏教が盛んに信仰されてチベット大蔵経がつくられた。この中には現在はすでにサンスクリット語の原本が失われた貴重な経典も数多く含まれている。チベットの翻訳仏典は、漢訳仏典とともにひとつの大きな翻訳経典のジャンルを形成しているのである。

いうまでもなく中国には三蔵法師の活躍によって多くのサンスクリット語仏典が持ち込まれた。膨大な仏典は早い時期から大規模な翻訳事業が行なわれ、国家の援助のもと順次大蔵経にまとめられていった。それらの仏典は朝鮮半島を経由して日本に伝えられ、すでに漢字文化が定着していた朝鮮や日本では、漢訳仏典がそのままのかたちで受容された。

各国語への翻訳

近代になると、各国の仏教研究者が英語やドイツ語、フランス語などによる翻訳を手がけてかずかずの業績を残している。中でもイギリスの仏教学者リス・デーヴィズは一八八一年にパーリ聖典協会を設立し、夫人とともにパーリ語聖典の英訳に従事して多くのパーリ語聖典を世に送り出した。パーリ聖典協会から刊行されたパーリ語聖典は大冊に及び、まさに英訳大蔵経の感がある。そしてこれらの英訳聖典は現在も刊行が継続しており、世界中の仏教研究者に便宜を与えている。

日本では、仏典といえば漢文のものという連想が働くのが一般である。しかし今見てきたように、パーリ語やサンスクリット語で書かれた仏典は漢文以外にも実に多くの言語に翻訳されている。とりわけ今世紀にはいってからはヨーロッパ各国の言語に翻訳されてきた。

日本語（和語）の経典

日本には奈良時代以前に漢訳の経典が伝えられ、それがそのままのかたちで受容された。ただしわが国では平安時代以来、オコト点や返り点をつけて漢文を読みくだす習慣があり、漢訳仏典を読みくだせばそのまま日本語として読むこともできた。読みくだしを仮名まじりで記したものを延書といい、そのまま漢文の経典の日本語訳になった。これを国訳《こくやく》というが、すでに平安時代には『阿弥陀経』や『法華経』などの国訳があらわれ、あるいはこれとは別に『今昔物語』などには仏典のすぐれた和訳も見られる。また、源信の『往生要集《おうじょうようしゅう》』や法然の『選択本願念仏集《せんちゃくほんがんねんぶつしゅう》』などの延書（仮名交じりの経典）もつくられるようになった。

時代が下がって大正から昭和の初めにかけて、『国訳大蔵経』（三〇巻）や『昭和新纂国訳大蔵経』（四八巻）、『国訳一切経』（二五六巻）など大部の国訳の叢書が相ついで刊行された。

さらに明治以降、従来の漢文の書きくだしを基本にした国訳から一歩進んで、サンスクリット語やパーリ語、チベット語などからの直接の和訳が順次あらわれてきた。中でも『南伝大蔵経』は、パーリ語大蔵経の全訳という偉業である。そして現在までに『法華経』や『般若心経』などの著名な経典をはじめ、仏教哲学の経典などがつぎつぎに原典から翻訳されている。また、中国や日本の漢文で書かれた名著も現代語訳されている。これらの翻訳仏典は手軽な文庫本のかたちでも出版され、仏教の初学者はもちろん、一般読者も気軽に仏典に触れることができて便利である。

―16 仏典の分類―

九分教、十二部経から三蔵へ

初期の経典

仏教の聖典を総称して仏典という。現在、膨大な数の仏典が知られており、それらは大蔵経《だいぞうきょう》または一切経《いっさいきょう》という一大仏教叢書のかたちにまとめられている。そしてその中には中国や日本の各宗派の開祖の著述も含まれている。しかし、仏典の由来は釈迦の教えにあり、その教えが語り継がれ、記録されて今日のようなすがたにまとめられたのである。釈迦が亡くなってまもないころの仏教を原始仏教と呼んでいるが、この原始仏教の経典の中には釈迦の教えの原形に近いものが多く含まれているという。ここではこのような初期の経典を中心に、釈迦の教えがどのようにまとめられたかを見てみよう。

釈迦は八万四千の法門を説いたといわれる。この数字はもちろん非常に多くのという意味であり、実数ではない。しかし、かれが膨大な教えを説き、それが語り継がれたのは確かである。

初期の釈迦の教えは法と律というかたちで伝えられた。法とは真実という意味でもあり、釈迦は常に真実を語るという意味からかれの教えや言行録を法といった。一方、律は仏教の教団内の行動の規範を説いたものである。

今日、このような釈迦が説いたといわれる経典は、まとまったかたちでは残っていない。しかし、阿含経典《あごんきょうてん》といわれる初期の経典群の中には釈迦の肉声に近いことばが多く残されている。阿含はアーガマの音写で、原始仏教の経典の総称であるが、のちに大乗仏教が成立してからは、小乗仏教の経典のことを指すようになった。

最初に経典は九、または十二に分けられた

釈迦が亡くなったころすでに文字はあったが、その教えは文字に記録されることはなかった。もっぱら弟子たちが記憶してそれを伝えていた。それらがしだいに整理分類されていったのである。

まずはじめに、釈迦が説いた法と律は九種または十二種に分類された。これを九分《くぶん》教、十二部経などと呼んでいる。

九分教というのは釈迦の教えを次の九つに分類したものである。

一、スートラ（経）……契経《けいきょう》といわれ、釈迦の教えを簡潔な散文でまとめたもの。「たて糸」の意味で、「お経」の語源でもある。

二、ゲーヤ（重頌《じゅうじゅ》）……スートラの内容を詩文で重ねて説いたもの。
三、ヴィヤーカラナ（問答）……仏弟子の問いに答えるもの。経の解説である。
四、ガーター（詩偈《しげ》）……教えを散文で表現することなく、最初から韻文であらわしたもの。
五、ウダーナ（感興語《かんきょうご》）……弟子などの質問や求めに応じるのではなく、仏が折りに触れて自発的に語った教え。
六、イティ・ヴッタカ（如是語《にょぜご》）……イティ（如是）ヴッタム（語）、「仏はかくのごとく語れり」という語で始まる経典。
七、ジャータカ（本生話《ほんじょうわ》）……釈迦の前世の物語。釈迦がこの世で悟りをひらく前の世で、さまざまな修行をし、善行をなしたことが語られる。
八、ヴァイプルヤ（教理問答）……深遠な仏の教えの深意を明らかにしたもの。
九、アドブタ・ダルマ（未曾有法《みぞうほう》）……仏の教えが希有で神秘であることを説き、また仏を賛嘆するもの。
以上の九分教に次の三つを加えたものが十二部経である。
十、ニダーナ（因縁物語）……仏教徒の生活規範である戒律や経典の成立に関する物語。
十一、アヴァダーナ（過去世物語《かこせものがたり》）……仏教では、釈迦の前に六人の仏が出現したとし、これらを過去仏という。アヴァダーナはそれらの過去仏が住した過去世の物語。

十二、ウパデーシャ（釈論）……サンスクリット語でウパデーシャは説明とか解説の意味。
　釈論は経典の説明解釈である。

釈迦の教えは内容と形式の上から以上のように分類された。この九分教、十二部経の分類は経典の最古の分類整理の形式であるが、時代が下がると経典は三蔵に整理分類されるようになる。

「蔵」とは仏典を入れる籠のこと

　三蔵の蔵は仏典を入れる籠のことである。経典をジャンルごとに分類して籠に入れて保管したことからこのように呼ばれる。三蔵とは、経蔵・律蔵・論蔵の三つで、三蔵ということばは、お経のすべてという意味に使われるようになった。

　伝説によれば、仏滅後すぐに釈迦の弟子たちが集まって釈迦の教えを三蔵のかたちに分類整理したといわれている。この弟子たちの集会は結集《けつじゅう》といわれ、経典の編集会議である。しかし、初期には釈迦の教えである法（＝経）と律しか存在せず、論書はのちに加えられていったものである。

●経蔵

経蔵とは、仏教の教えを説いた経典類のことである。

三蔵の最初期に法は経といい換えられ、漢訳とパーリ語の聖典が伝えられている。漢訳のものは四部に分けられて「四阿含《あごん》」といわれ、またパーリ語の聖典は「五部」に分けられている。「四阿含」ないし「五部」の内容は次のとおりである。

一、長阿含《じょう》（ディールガ・アーガマ）……経典の長さによる分類で、長い経典を集めたもの。パーリ五部の長部（ディーガ・ニカーヤ）に相当。

二、中阿含《ちゅう》（マッドゥヤマ・アーガマ）……中くらいの長さの経典を集めたもの。パーリ聖典の中部（マッジマ・ニカーヤ）に相当。

三、雑阿含《ぞう》（サムユッタ・アーガマ）……短い経典を内容別に分類したもの。パーリ聖典の相応部（サムユッタ・ニカーヤ）に相当する。

四、雑一阿含《ぞういっ》（エーコーッタラ・アーガマ）……仏教の用語には「四諦」「六道」「八正道」「十二縁起」など数字を冠したものが多く、これを法数といっている。雑一阿含は例えば四諦など「四」を冠した用語だけを集めるなど、法数によって分類したものである。パーリ語聖典の増支部《ぞうしぶ》（アングッタラ・ニカーヤ）に相当。

漢訳の「四阿含」とパーリの「五部」は必ずしも内容的に一致していないが、上に示したようにだいたいの呼応関係になっている。このほか、パーリ「五部」には古い成立の経典を集めた小部（クッダカ・ニカーヤ）がある。この中には『法句経《ほっくきょう》』や『スッタ・ニパータ』など、もっとも釈迦の肉声に近いことばが収められているといわれる、資料的価値の高い有名な経典も含まれている。また『本生経《ほんじょうきょう》』（ジャータカ）も含まれており、重要である。以上の漢訳「四阿含」「パーリ五部」がもともとの釈迦の教えである経（法）の集大成であり、経蔵といわれる。

●律蔵

律蔵は、仏教の教団内の規定である戒律を記したもので、規律に違反したときの処罰規定も含まれている。これもいくつかに分類整理された。

まず中心になるのは規律の条文で、これを「波羅提木叉《はらだいもくしゃ》」、戒経と呼んでいる。

次に戒律の条文制定の因縁や条文の解説である経分別《きょうふんべつ》という部分がまとめられた。

さらに仏教教団の入団規定や衣食住など、日常生活に関する規定を述べる犍度部《けんどぶ》がある。

以上の波羅提木叉（戒経）、経分別、建度部などをまとめて律蔵ができあがった。

●論蔵

経律の二蔵は仏滅後の早い時代に成立したが、時代が少し下がると経や律に対する注釈書や、仏教の教理について論ずる著作がつくられるようになった。この時代、仏教教団はいくつかの部派に分かれて活動していた。部派は学派の様相を呈しており、その中で経・律に関する活発な議論がくりひろげられてその成果が論書にまとめられたということができる。中でも南方に伝えられた南方上座部と、北方に伝わった説一切有部が代表的な部派で、ともに七つの論書（七論）を伝えている。これらを中心に初期の論蔵がつくられた。

このほかにも多くの部派がつくられ、仏教の教団は二〇の部派に分かれたといわれている。それらの部派はそれぞれに論蔵をつくり、膨大な数の論書がつくられ伝えられていた。これらの論書も順次論蔵に加えられていった。ゆえに、論蔵とは、経蔵に含まれている経典についての注釈、あるいは独自の思想を説いた仏教哲学書を含んだものといえる。

以上のようなかたちで経・律・論の三蔵が整ったのである。このように三蔵は初期の仏教の所産であることから、のちに成立する大乗仏教徒からは、小乗の典籍として批判された。しかし、現在でもセイロン上座部という部派では三蔵を完全な形で伝承しており、これが『南伝大蔵経』といわれて漢文に翻訳され、現在、日本でも使われている。

大乗仏教の三蔵

時代が下がって紀元前後になると、インドで大乗仏教が勃興して大乗の経典が多数つくられるようになる。そしてこれらの大乗仏教の経典や論書も、原始仏教の経典にならって経・律・論の三蔵に分類された。中国では、聖典としての三蔵は一切経または大蔵経という名で呼ばれた。よく知られている『法華経』や『般若心経』などはこの大乗経典に属する。

ただし、のちに大乗仏教でつくられた大蔵経でも、小乗・大乗のそれぞれの経典が経・律・論の三蔵に分類されている。歴史的にはさまざまな経緯があったにせよ、三蔵は仏教典籍の総称としてとらえられていることに変わりはない。

―17 三蔵法師―

三蔵法師はひとりではない

仏典を持ち帰り翻訳した玄奘三蔵

三蔵法師といえば『西遊記』に登場する玄奘《げんじょう》三蔵が有名である。そして三蔵法師は玄奘の異名と考える向きも多いようである。しかし、三蔵法師は玄奘の異名でもなければ特定の個人を指す固有名詞でもない。

三蔵法師とは、三蔵、すなわちすべての仏教典籍に精通した人のことなのである。もちろん膨大な仏教経典をすべて読破して、その内容を理解している人はまれにしかいない。したがって三蔵法師といわれるほどの人は学識、人格ともに抜きんでた僧侶であり、歴史に名を残している。

玄奘三蔵（六〇〇年～六六四年）は幾多の困難を経てインドにはいり、一六年の間にインド各地の仏跡を訪れて大量の仏典を中国に持ち帰った。その苦難の旅は『大唐西域記』の中にくわしく記されている。そしてのちに玄奘の苦難の旅をモデルにして『西遊記』がつくられたことは多くの人が知るところである。

さらに玄奘三蔵は持ち帰った膨大な仏典の翻訳事業に従事した。かれの翻訳はそれまでの翻訳経典を一新するすぐれたもので、玄奘以前の翻訳を旧訳というのに対して玄奘の翻訳は新訳といわれ、その後の漢訳仏典の標準ともなった。現在でも漢訳仏典の多くは玄奘訳が使われている。

このように玄奘三蔵は、その想像を絶する旅行記とともに、多くの面でほかの三蔵法師を圧していた。そのため三蔵法師といえば玄奘の代名詞のようになり、三蔵法師が玄奘の異名であるかのように思われたのである。

しかし、玄奘の前後にも多くの三蔵法師がいた。次に二、三の著名な三蔵法師をあげよう。

法顕・義浄・鳩摩羅什

まず玄奘の前に登場した三蔵法師としては法顕《ほっけん》（三四〇年〜四二〇年？）が有名である。かれは四世紀から五世紀に活躍した人で、仏典を求めて六〇歳のとき一念発起してインドに渡り約一七年間インド各地と周辺諸国を巡遊したのち、仏典をたずさえて帰国し、多くの経典を翻訳した。かれのインドでの活躍はその旅行記『法顕伝』にくわしい。

次に玄奘の同時代の後輩に義浄《ぎじょう》（六三五年〜七一三年）という人がいる。かれは法顕、玄奘に影響されて仏典を求めてインドに渡った。インドのナーランダー寺という学問寺で一〇年間学び、帰路南方スマトラに立ち寄って、七年間学んだ。約四〇〇部のサンスクリット語の仏典などを持ち帰り、翻訳事業にたずさわった。また、『南海寄帰内法伝《なんかいききないほうでん》』という書物を著した。本書は帰路に立ち寄った南海諸国の事情をくわしく書き記したもので、当時の文化などを知るうえで貴重な資料を提供している。

さらにインドなどから経典をたずさえてやって来た三蔵法師もいる。中でも鳩摩羅什《くまらじゅう》（三四四年〜四一三年）は有名である。彼はインド人の父をもつ西域（中央アジア）出身の人で、幼少のころよりインドに留学して仏教に深く精通していたといわれている。また多くの外国語に通じていて漢語にもたけており、流暢《りゅうちょう》な文体ですぐれた内容の翻訳をつぎつぎに世に送り出した。玄奘などと並んで中国最大の翻訳家の一人に数えられている。

三蔵法師は大乗仏教伝播の主役だった

今見てきたように玄奘三蔵を筆頭に、中国には何人もの三蔵法師がいた。そしてかれらは多くの経典をインドから招来し、それらを漢語に翻訳した。それらの経典のかずかずは日本にも大蔵経として伝えられ、僧侶たちの基礎典籍となった。三蔵法師の活躍はまさに中国や日本の仏教の基礎を築き上げたのである。

このような三蔵法師たちの功績によって日本でも早い時代から多くの僧侶たちが三蔵を学ぶことができ、多くの経典に精通して三蔵法師の名にふさわしい人も輩出した。とりわけ各宗派の祖師たちは万巻の典籍を読破し、その内容に精通したうえで独自の教理を打ち立て、一派をなしたといえる。中でも鎌倉時代に浄土宗を開宗した法然は、数千部からなる一切経（大蔵経）を五回も読破したといわれている。

また祖師にかぎらず、その後の僧侶たちの中にもあらゆる仏典に精通したすぐれた学僧たちがいた。また、明治以降、仏教が人文科学の見地から研究されるようになってからも多くの碩学《せきがく》が世にあらわれた。これらの人びともある意味では近代的な三蔵法師と呼ぶことができる。

このように三蔵法師は玄奘三蔵の異名ではなく、仏教の碩学に与えられる称号のようなものである。仏教のスーパースター、現代的な表現をすれば「ミスター仏教」といったところではないだろうか。中でももっとも功績のあったのは、やはり玄奘三蔵をはじめとする中国の初期の三蔵法師たちであった。中国や日本に仏教が伝播し発展したのはかれらの功績によるところが大きい。

中国、朝鮮半島を経由して日本に伝えられたのは大乗仏教である。一方、上座部仏教はセイロン島を経由して東南アジア諸国に広がった。そして仏教発祥の地インドでは、一三世紀にはイスラム教徒の侵入によって仏教が壊滅状態に陥り、その法燈はとだえてしまった。もし、法顕や玄奘などの中国初期の三蔵法師たちの想像を絶する活躍がなければ、仏教思想の至極といわれる大乗仏教は地上からすがたを消していたに違いない。その意味でかれらは大乗仏教の救世主ともいえる。

―18　般若思想―

般若とは悟りへの直観的な智慧である

識と般若の違い

般若《はんにゃ》とは、サンスクリット語のプラジュニャーを音写したもので、智慧《ちえ》の意味である。通常われわれは個々の対象を分析することによって判断し、その対象を認識する。これを仏教では識といい、サンスクリット語でヴィジュニャーナという。

これに対して般若は、存在全体の本質をたちどころに把握する直観的な智慧である。一般の認識が便宜的なものであるのに対して般若は真実の智慧であり、叡智である。

人はこの般若の智慧を獲得した瞬間に悟りの境地に安住することができる。すなわち仏となる。その意味でこの智慧は仏を生み出す母であり、仏母《ぶつも》と呼ばれる。般若の観念はすでに初期の仏教においてあらわれ、悟りに至る智慧として重要視された。大乗仏教の時代になると『般若経』という経典にまとめられ、般若思想がその中核をなすようになり、その後、膨大な般若経典を生み出したのである。

般若波羅蜜は六波羅蜜の一つ

大乗仏教では、悟りを求め、衆生救済を希求する菩薩の修行として六波羅蜜が重視された。布施・持戒《じかい》・忍辱《にんにく》・精進《しょうじん》・禅定《ぜんじょう》・智慧がそれで、最後の智慧が般若の智慧である。般若波羅蜜は智慧の完成と訳され、これによって悟りに至ることができるためもっとも重要視される。

この智慧を獲得するためには、物質的、精神的に人に与えること（布施）、戒律を守り常に自己を反省すること（持戒）、迫害などに堪え忍ぶこと（忍辱）、心を安定した状態に保つこと（禅定）をたゆまず実践しつづけなければならない（精進）のである。

このように日常的な生活習慣に端を発する実践修行はしだいに深まり、ついには最後の般若波羅蜜に到達する。ここに悟りの智慧が完成するのであり、悟りの境地にはいることができる。それと同時にこの智慧はあらゆる衆生に対する偉大な慈悲心にもなり、衆生救済の原動力となる。

般若思想の発展

般若波羅蜜多はなにものにもとらわれない境地を特徴とする。この意味で般若思想は仏教の一方の中心思想である空の思想と関連し、大乗仏教の諸方面にさまざまな影響を与えた。たとえば『般若心経』には、般若波羅蜜多は神咒《じんしゅ》であると宣言されている。つまり神的な力の備わる呪文、陀羅尼《だらに》だというのである。このような考え方は『大日経《だいにちきょう》』や『金剛頂経《こんごうちょうきょう》』などに説かれる密教の思想形成にも多大な影響を与えた。

また禅宗では般若を無分別智《むふんべつち》といい、分析判断を主体にした分別智と区別し、無分別智をすぐれた智とし、これを得ることを修行の目標とした。

さらに現在でも人気の高い経典に『般若心経』がある。般若ということばを聞いてすぐに連想するのは『般若心経』ではないだろうか。この経典は『般若経』をはじめとする膨大な般若経典を、漢訳にしてわずか二百数十文字に圧縮したものといわれている。般若皆空《かいくう》を説き、般若波羅蜜と空の思想をたくみに織りまぜたものである。つまり般若波羅蜜の獲得によって、とらわれのない空の境地（悟りの境地）に到達しようというのが『般若心経』の趣旨である。

『般若心経』は紀元前後に成立したと見られるが、その後中央アジアを通って中国に伝えられ、漢訳されて日本に伝播した。実に広範な地域で読誦され信仰されたのである。現在でも盛んな『般若心経』の信仰だけを見ても、般若思想が大乗仏教に与えた影響の大きさがわかるだろう。

――19 色――

「色即是空」の色は色恋の色ではない

色はあらゆる存在のことである

「色即是空《しきそくぜくう》、空即是色《くうそくぜしき》」――『般若心経』のあまりにも有名な一節である。ここに説かれる「色《しき》」を俗に色恋沙汰に曲解して「色ごとにうつつを抜かしても所詮は空《むな》しいもの」などと勝手な解釈をする向きもあるようである。

いうまでもなくこれは大きなまちがいである。それでは「色」とはいったいどんな意味なのだろうか。

サンスクリット語では「色」のことをルーパという。これはかたちづくるという意味の動詞ループから派生した名詞であるといわれ、形あるものの意味である。一方、破壊するという意味の動詞ルジュからつくられた名詞ともいい、この場合は破壊するものの意味がある。これらふたつの意味を総合すると、形を有するもので、常に生成し変化するものという意味になる。要するに色形あるすべての存在が「色」なのである。

また仏教では、われわれ人間存在を五つの構成要素に分析してこれを五蘊《ごうん》と称する。色はこの五蘊のひとつで、われわれの肉体を含む物質全般を指す。

蘊とは「集まり」のことで、色・受・想・行・識の五つの集まりが五蘊である。ここで色はわれわれの身体を意味する。受は感受作用のことで、外界の対象の感覚、知覚、印象などを受け入れること。想は、受で受け入れたものを思い浮かべ概念化すること。記憶などがこれに当たる。行は意志で、外界に積極的に働きかけることである。業もこの中に含まれる。識は認識で、受け入れたさまざまな外界の対象を識別する働きである。色は肉体的な側面をあらわし、受・想・行・識は精神面をあらわす。

このように色は人間の肉体をもあらわすのであるから、美貌に恋い焦がれて抜き差しならなくなるような「色恋沙汰」の意味も含んでいることも事実である。したがって世間での俗な理解も「当たらずといえども……」の感もなくはない。しかし、色の意味を色ごととのみ解してはあまりにも狭くかたよった解釈である。色にはもっと深く、広い意味があることを忘れてはならない。

「色即是空」とは、「あらゆる存在には実体がない」という意味

『般若心経』で「色即是空」といっているが、これはいったいどういう意味であろうか。「空」は大乗仏教のもっとも重要な思想で、何ごとにもとらわれることのない立場をあらわしている。

あらゆるものに対する執着をなくすことによって煩悩《ぼんのう》を断ち切れば、解脱《げだつ》を達成することができるとするのが仏教の立場であり、最大の目的でもある。

「空」は深遠な思想で、一言でいいあらわすことはできないが、しいていえば、あらゆる存在に実体がない、いい換えれば特定の（固定的な）性質を持たないということである。すなわち美しい花も数日ののちには枯れてしまう。その美しさにいつまでもとらわれていることは意味のないことではないか。同様に、どんなに美しい人でもやがては老い、死を迎える運命にある。その人を愛し執着したところで所詮は空しいのである。森羅万象変化して止むことはない。この事実をしかと知るべきである。実体がないことがわかればそれに執着することもなく、煩悩もなくなる。

『般若心経』の「色即是空」は色、すなわちあらゆる存在には実体がないという教えである。そして「空即是色」といい換えているのは、色をそのようなものと自覚して、とらわれのない立場で色をとらえよ、ということである（→「空」）。

―20　空の思想―

空とは固定的実体がない状態

空の意味は虚無ではない

『般若心経』はわずか二六二文字の短いお経であるが、この中に「空《くう》」ということばが何回も出てくる。「色即是空」といい、「五蘊皆空《ごうんかいくう》」と説く。あらゆるものの帰結するところが空である。また、「空即是色」ともいい、あらゆるものは空から始まると説く。

「空」は大乗仏教の根本思想である。そして大乗仏教の思想を二六二文字に凝縮して説いたものが『般若心経』である。だからこの経典には「空」の語が頻発するのである。一般的には、空という語には「空《から》っぽ」「空《むな》しい」などの意味があり、空虚な響きが強い。しかし、この意味で空を解釈したのでは、それこそ元も子もない。大乗仏教は単なる虚無主義に陥ってしまうからである。

サンスクリット語で「空」はシューンヤターという。元来は「何もない状態」「欠落した状態」を意味するが、仏教では存在するすべてのものに実体がないことをあらわす。実体がなければやはり空虚なものではないか、といわれるかもしれない。しかし、ここで実体がないというのは決して空虚な状態を意味するのではなく、固定的な実体がないということである。

無我説、縁起説から「空の思想」へ

空の思想の萌芽は釈迦の時代にさかのぼることができる。釈迦はすでに個人存在の普遍的な実体、すなわち「我」を認めないで「無我《むが》」を主張した。そしてすべてのものは原因とさまざまな条件（縁起）によって存在していると考えた。

大乗仏教はこのような無我の理念、そしてすべてのものが縁起によって存在するという思想を徹底的に追究して「空」の思想を生みだした（→無我説、縁起説）。

存在するものはすべて無常で変化しつづける。美しい花も数日のうちには枯れてしまう。花の自性《じしょう》（本性）だと思っていた美しさも消え失せてしまうのである。一般に人は、花とその自性である美しさを同一視してそれが花の実体だと思って執着している。しかし、花の実体（自性）と思っていた美しさはすぐに消え去ってしまい、そこには実体がないことがわかる。存在するものはすべて縁起によって成り立っている。これが空である。同様の理屈ですべてのものは空なのである。これを「一切皆空《いっさいかいくう》」という。

空はまさに大乗仏教の中心的な思想として重要視される。なぜ「空」が大切かといえば、人は

「一切皆空」と悟ることによって、あらゆるものに対する執着を離れることができるからである。執着は人をしばり、苦しめる。執着がなければ人は自在にふるまうことができる。その意味で一切皆空の認識は無限の可能性と力を秘めている。そしてこのような認識こそが悟りであり、人はすべての執着を離れた自在の境地に安住することができるのである。

「一切皆空」を認識する智慧が「般若」

人は存在するものに実体を認めるがゆえに、それに執着する。「一切皆空」を認識する智慧が必要なのは、存在に対する執着を断つためであり、それがそのまま解脱につながる。

この一切皆空を悟る智慧が般若波羅蜜といわれるものであるが、これは凡人には簡単には得られない。布施・持戒・忍辱・精進・禅定・般若（智慧）の六波羅蜜の修行を完成してはじめて得られる。

このうち第六の般若波羅蜜は、布施などの日常的な修行を通じて得られる究極のものであり、これを獲得することが大乗仏教の最大の目的でもある。波羅蜜はサンスクリット語でパーラミターといい、「完成」を意味する。したがって般若波羅蜜は「智慧の完成」「智慧の完全な状態」を意味するのである（→般若思想）。

大乗仏教の経典の中でも比較的早く成立した『般若経』は、とりもなおさず般若に至る道を説いたものであり、大乗仏教の中心的存在として重視されている。『般若経』は大冊の経典であるが、その内容を凝縮したものが『般若心経』であるとされ、『般若心経』が重要視されるのはそのためである。

さて般若の智慧はわれわれの日常的な認識方法とは違ったものである。たとえばAという対象を認識するとき、通常はAを分析したあとにはじめてそれに対する認識（知識）が得られる。これに対して般若はこの分析の過程を経ないで、瞬時に存在全体の本質を把握することができる。それゆえ般若は直観的な智慧であるといわれる。

この智慧を得ることによって宇宙の真理を瞬時に把握することができる。すなわち森羅《しんら》万象《ばんしょう》すべてが縁起によって成り立っており、空であることが把握できるのである。この智慧は学習による知識の積み重ねでは得られない。六波羅蜜のうち、布施から禅定にいたる五つの波羅蜜の修行を厳格に守ることによって得られるといわれる。

いずれにしても般若はそれ自体が悟りであり、釈迦と同じ境地に至る智慧である。六波羅蜜を完成することは非常に困難であることも事実なのである。それではなぜ、すべての存在に実体がない、空と見なければならないのか。それはとりもなおさず苦しみの根源である執着（煩悩）を滅するためである。

「これは私のものである」という概念はある存在に固定的な実体を認めるために生じるのであ

る。しかし、それが固定的な実体をもつものでなく、縁起によって成り立っているのだと悟ることができれば執着は消える。すなわちあるものが「私の所有」になると錯覚するために執着が起きるのであるが、実際にはすべての存在は縁起によって成り立っており、つねに変化していて一瞬たりともとどまることはないのである。

美しい花を手折って我がものと思っていても、花はすぐに枯れて美しさは消えてしまう。その美しさに執着することは煩悩にほかならないのである。このようにすべてのものが無常で決して「我がもの」となることがないということを悟れば、人は何ものにも執着することがなくなる。

―21 唯識思想―

三界は虚妄にして但是れ心の作なり

すべては心が創ったもの――唯心論

仏教では初期の時代から心のはたらきを重要視し、世の中のあらゆる存在や現象は心が変現したのにすぎず、一切は心を離れては存在しないと考えるようになった。これを唯心論《ゆいしんろん》といい、早くから仏教の中心概念のひとつとされてきた。

大乗仏教の時代になると唯心論はさらに発展し、さまざまな経典に説かれるようになった。中でも『華厳経《けごんきょう》』に説かれた「三界《さんがい》は虚妄《こもう》にして、但是《ただこ》れ心の作《さ》なり」という一句は、唯心論を表明したもっとも代表的なもので、この句をめぐってさまざまな解釈がなされるようになった。

とりわけ瑜伽行派《ゆがぎょうは》といわれる一派はこの句を典拠として唯心論をきわめ、唯識説《ゆいしきせつ》を発展させるのである。

唯識思想の大成者――瑜伽行派

インドでは古くからヨーガ（瑜伽《ゆが》）、すなわち瞑想を中心とした修行が盛んに行なわれていた。中でも好んで熱心にヨーガを修行していた一群の人びとが知られており、のちに瑜伽行派という一派を形成するようになる。

かれらは瞑想を通じて「一切のものは心が創り出したものである」という概念を体験的に会得していた。これがのちに唯識思想を大成する原動力となったと考えられる。

瑜伽行派は三～四世紀ごろに弥勒《みろく》（マイトレーヤ、二七〇年～三五〇年ごろ）を開祖として興った。その後、無着《むちゃく》（アサンガ、三一〇年～三九〇年ごろ）、世親《せしん》（ヴァスバンドゥ、生没年不詳）という兄弟によって学派としての確立を見た。そしてかれら三人によって唯識思想は体系的にまとめられ、大成された。

唯識思想――六識＋末那識・アーラヤ識の八識

唯心論をきわめたものが唯識思想である。一切の存在、現象は心が創り出したものであるという根本的な考え方にはもちろん変わりはない。

唯識思想の最大の特徴は八識説《はっしきせつ》をとなえたことにある。われわれは視覚や聴覚、触覚などの感覚器官を通じて外界の対象を認識する。仏教では早くから眼識・耳識・鼻識・舌識・身識・意識の六識を認め、それらがそれぞれの対象を認識すると考えていた。

そして唯識説では、この六識を成り立たせる第七の識として末那識《まなしき》というものを立てる。さらにこれら七つの識の根底にあり、あらゆる存在を生み出す根元として根本識を立てた。これはアーラヤ識と呼ばれる一種の深層心理である。

アーラヤ識の本来の清浄性を取りもどすことが悟ること

アーラヤ識は一切種子識《いっさいしゅうじしき》とも呼ばれる。その中には過去の業の影響が、やがて発芽を待つ種子のように蓄えられていて、この種子が現在、未来にわたってあらゆる存在を生み出しつづけると考えられる。識（心）のほかに一切の存在を認めず、その識を根底で支えるのがアーラヤ識なのである。

唯識説は「唯《た》だ識のみである」と説き、一切の外界の対象などを認めない。対象の認識に当たっては、認識の主体である心が、みずからが創り出した客体（対象）を認識するという。いい換えれば、いわば夢を見るように、心がみずからが創り出した幻影を見るということになる。人間の身体をはじめとして外界にある一切のものは実在しない、虚妄なのである。

ところがわれわれは幻影にすぎない肉体を自己と思い込み、また外界の存在を実体と思い込んでそれらに執着する。この思い込み、あるいは思い違いが苦しみの原因であり、それがために人は輪廻《りんね》をくり返す。

唯識説の目的は「唯だ識のみである」という真理を会得して悟りに至ることにある。そのためにはヨーガ（瞑想）の修行によって、汚れた識の状態を清浄な状態にしなければならない。最終的にはアーラヤ識を清浄な状態にすることである。

アーラヤ識は本来、純粋清浄であるが、そこには過去の業の影響によるさまざまな汚れた種子が付着している。このような不純物を修行によって取り除くことによってアーラヤ識の種子は清浄さを取りもどし、純粋な輝きを放つ。このような状態になったとき、アーラヤ識は悟りの智慧に転じる。すなわちアーラヤ識が本来のすがたにもどったとき、悟りは完成されるのである。

唯識説はその後も論理学などと結び付いて発展整備され、六世紀には中国に本格的に導入される。とりわけ玄奘は唯識論書を系統的に紹介して法相宗《ほっそうしゅう》の基礎を確立し、弟子の慈恩大師基《き》が唯識説をひとつの大系にまとめあげて法相宗を創設した。法相宗は七世紀には日本にも伝えられ、興福寺、薬師寺、法隆寺などを擁する一大勢力となった。

──22 如来蔵思想──

山川草木、ことごとく成仏す

如来蔵とは「仏となるべき胎児」

釈迦如来、阿弥陀如来などを通じて如来ということばにはなじみが深い。しかし如来蔵《にょらいぞう》ということばは、一般にはあまり耳にしない。

如来はサンスクリット語でタターガタといい、真理（悟り）の世界に到達し、その真理を教えるためにこの世にやって来たものという意味である。すなわち釈迦のように、悟りをひらいて人びとを教化したものの尊称で、われわれが一般に仏《ほとけ》と呼んでいるものである。

如来蔵はサンスクリット語ではタターガタ・ガルバといわれる。ガルバは胎児の意味で、これを中国では蔵と訳した。つまり「仏となるべき胎児」というのが如来蔵の意味である。また、「仏となる因」という意味で仏性《ぶっしょう》ともいわれる。如来蔵は、古く「自性清浄心《じしょうしょうじょうしん》」といわれた普遍的な悟りの境地をその内容にしている。その悟りの境地は、本来は純粋清浄であるが、普段は煩《ぼん》悩《のう》におおわれている。そして、煩悩がかき消されたときに本来の清浄な姿としてあらわれる。この意味で如来蔵は悟りの前の状態であり、真如《しんにょ》（真実の姿）が煩悩などの付着物によっておおわれた状態なのである。

一切衆生から山川草木まで

如来蔵思想は『如来蔵経』という経典に最初にあらわれた。そこでは「すべての衆生を仏子《ぶっし》（仏の子供）と見る」『法華経』の一乗思想などをうけて、「一切衆生《いっさいしゅじょう》は如来をそのうちに宿している」と宣言された。

さらにこの思想は『勝鬘経《しょうまんぎょう》』などによって理論的に発展し、『涅槃経《ねはんぎょう》』では「一切衆生悉有仏性《しつうぶっしょう》」（一切衆生にことごとく仏性あり）といわれた。

そしてのちに中国で仏性論争が盛んに展開され、物質的なものにも仏性があり成仏できるとする見解もあらわれた。いわゆる「山川草木悉皆成仏《さんせんそうもくしっかいじょうぶつ》」（悉皆＝ことごとく皆）というのがそれである。この草木までもが仏性をもち、成仏できるという考えは、中国では大いに論争を呼び、禅の思想などにもとり入れられた。

禅問答に、「仏性はどこにあるか」という問いに「糞掻《くそか》きベラにある」と答えるものがある。糞掻きベラとは禅堂の便所で大便をぬぐう木のヘラのことである。そんなものの中にも仏性があり、成仏できるという。「山川草木悉皆成仏」ということをよくいい当てた問答である。

如来蔵思想は、すべての衆生に成仏の可能性があるとする大乗仏教の根幹を支える思想として重要である。如来蔵思想は一般には耳なれないことばであるが、日本の仏教はおおむねこの如来蔵思想に立脚していると考えられている。

とりわけ日本人のように自然の機微に敏感な民族にとっては、極論ではあっても山川草木に至るまで成仏するという思想は親しみやすいものなのかもしれない。

如来蔵縁起

如来蔵縁起ということばは、中国の華厳《けごん》教学の大成者、法蔵《ほうぞう》の『大乗起信論義記《だいじょうきしんろんぎき》』にはじめてあらわれた。その中で法蔵はインドの経典、論書を四宗に分類している。第一は随相法執宗《ずいそうほうしゅうしゅう》で小乗仏教の立場。第二の真空無相宗《しんくうむそうしゅう》は、龍樹《りゅうじゅ》の思想や『般若経』、中観論書《ちゅうがんろんしょ》の諸説。第三の唯《ゆい》識法相宗《しきほっそうしゅう》はいわゆる唯識説。そして第四が『楞伽経《りょうがきょう》』、『密厳経《みつごんきょう》』や『大乗起信論』、『宝性論《ほうしょうろん》』などの諸説で、如来蔵縁起宗としている。

縁起というのは、物事の成立のプロセスを説いたものであるが、如来蔵思想にもとづいて人間の迷いと悟りの世界の成立する過程を説いたものが、如来蔵縁起である。それによると、この世の汚れ（煩悩）と清浄（真理）はすべて如来蔵から縁起したというのが、如来蔵縁起説である。

この説は、インドで唯識説よりやや早く成立したものと思われ、『涅槃経』『勝鬘経』といった経典に説かれている。しかし、如来蔵思想を組織的に説いたのは、如来蔵と、唯識のアーラヤ識との調和をこころみた『大乗起信論』である。

すなわち『大乗起信論』は、如来蔵と、無明《むみょう》すなわち煩悩《ぼんのう》の根源とが一体となった原理であるアーラヤ識を立てる。アーラヤ識は万有の根元となる純粋精神とでもいうべきもので、それがさまざまな煩悩に汚されることによって迷いが生じる。無明が断滅したとき、アーラヤ識は本来の輝きをとりもどす。このとき人は永遠の平安境（悟りの世界）に安住することができる。『大乗起信論』では、この無明の断滅に至るプロセスを縁起説を適用して組織的に説いたのである（→唯識思想）。

ただし、唯識思想にもとづいて法相宗が確立されたが、如来蔵縁起説にもとづく独立の宗派（学派）が形成されるには至らなかった。しかし、『大乗起信論』に代表されるこの説は、さまざまなかたちで中国や日本の仏教に大きな影響を与えたのである。

―23 禅―

禅は釈迦以前からあった

仏教の修行法の基本は禅（＝瞑想）

禅は、サンスクリット語でディヤーナといい、禅那《ぜんな》と音写され禅定《ぜんじょう》といわれる。略して禅という。一種の瞑想法で仏教の基本的修行法である。釈迦は幼少のころから禅を実践していたといわれ、菩提樹の下で禅定によって悟りをひらいた。インドでは禅定は古くから行なわれており、インダス文明のひとつ、モヘンジョダロ遺跡からは瞑想する姿をかたどった像などが出土している。また、紀元前一五〇〇年ごろインドに侵入したアーリア人は、もともと苦行を修行方法としていたが、バラモン文化が栄えると、インドの原住民が行なっていた禅定をとり入れた。かれらは苦行と禅定を修行方法として宗教的目的を達成しようとした。

さらに仏教は、釈迦が禅定によって悟りをひらいたことからもわかるとおり、禅を悟りに到達するための有力な手段として採用し、重要視した。禅は、早くから仏教のもっとも基本的な修行法として広く行なわれてきたのである。

禅を宗派として形成したのは中国

インドでは禅の思想が仏教の中に深く根付いた。そしてこれが中国に伝えられて飛躍的な発展をとげ、禅によって宗派が形成されることになる。中国に禅が伝えられたのは二世紀の中ごろのことといわれている。ペルシャから来たと伝えられる訳経僧《やっきょうそう》、安世高《あんせいこう》という人が数種の禅の経典を伝えたのがはじまりとされている。以降、多くの禅籍がもたらされ、多くの僧侶が禅を実修するようになった。禅の思想は、中国人の気質に適合したのか、中国仏教に深く浸透していった。

六世紀になると菩提達磨《ぼだいだるま》が中国へ来て、諸方で禅を伝えた。かれの伝記については不明な点が多いが、インド人でバラモンの出身だともいわれている。かれの渡来によって禅の思想と実践は大きく変革をとげた。達磨以前は禅の典籍によって理論や修行法を構築したが、かれは当時のインドで実際に行なわれていた生きた禅を伝えたものと思われる。

達磨の没後はすぐれた弟子が輩出してかれの思想と実践を伝えた。禅はますます盛大になり、唐代の中期ごろには「五家七宗《ごけしちしゅう》」と総称される宗派を形成するようになった。そして菩提達磨を禅宗の開祖として仰ぐようになったのである。中国の宋代には臨済宗《りんざいしゅう》の楊岐派《ようぎは》と名のる一派と曹《そう》洞宗《とうしゅう》が双璧をなし、互いに対峙しながら発展していった。

禅、日本へ渡る

日本には七世紀の中ごろにはじめて禅の思想が伝えられたが、本格的な導入は一二世紀の栄西《えいさい》による。栄西は入宋《にっそう》して臨済系の禅を伝え、日本臨済宗の開祖となった。かれは鎌倉や京都に禅の道場をつくり、禅宗発展の基礎を築いた。

一方、道元はやはり入宋して曹洞宗を伝え、日本曹洞宗の開祖となった。鎌倉、室町時代には臨済、曹洞の二宗派は交流を保ちつつ互いに発展してきた。江戸時代になると臨済宗の一派である黄檗宗《おうばくしゅう》が伝来した。初期には臨済、曹洞、黄檗の三派は同じ達磨の禅を修行するものとして互いに交流していたが、しだいにそれぞれの教理的特色に固執するようになった。

栄西の臨済禅は学問的色彩を少なからずもち、興禅護国《こうぜんごこく》を主張した。道元の曹洞禅は、ただひたすら座ることを主張する只管打坐《しかんたざ》（只管＝ひたすら）を強く打ち出した。道元は修行と悟りに同一の価値を見いだしたのである。また黄檗禅は、念仏禅を主張して護教的態度をとった。

このように時代が下がるにつれて各宗は教学上、あるいは実践上の立場をはっきりと打ち出すようになった。そして、それぞれ個性ある教団が形成されて今日に至っている。

禅宗の特色

禅では不立文字《ふりゅうもんじ》、教外別伝《きょうげべつでん》、直指人心《じきしにんしん》、見性成仏《けんしょうじょうぶつ》などということがいわれる。

不立文字とは文字によらないということである。禅の悟りの内容は文字や言語ではなく、師の心から弟子の心へと直接伝えられるべきであり、いわゆる以心伝心をいいあらわしたことばである。しかし、文字や言語をまったく否定したものではなく、それらの固定的な概念にとらわれないということである。経典のことばなどに対する、形式にとらわれることのない、自由な態度をあらわしている。

教外別伝とは、仏教の教義は経典や文字、言語によらず人の心を通じて直接に伝えるべきだということである。釈迦の教えをことばで記したものを教内の法というのに対して、その心を他者の心に記したものを教外《きょうげ》の法という。禅宗では、禅宗以外の仏教は教内《きょうない》の法であるといい、みずからは教外の法を伝えているという。禅宗の、経典に対する考え方の一大特色ということができる。

直指人心は自己の心をまっすぐにつかむことである。思考したり、分析したりすることなく、直観的に自己の心をつかむ。そうすればそこに仏性《ぶっしょう》を見いだし、己自身がじつは仏であったことを見いだす。それが見性成仏である。

このように釈迦の直弟子を標榜する禅宗では、他の仏教諸派とは異なる仏教解釈を示している。その根底にあるのは、仏陀の心をなるべく余分なものを抜きに会得しようとする態度ではないだろうか。

24 阿弥陀如来

衆生救済のための四十八の誓願

阿弥陀如来はもともとはインドの国王だった

日本では阿弥陀如来《あみだにょらい》は浄土宗や浄土真宗の本尊として多くの人に慕われている。

その生まれはいうまでもなくインドであり、サンスクリット語ではアミターバ、アミターユスというふたつの名前で呼ばれている。アミターバは無量光仏《むりょうこうぶつ》、アミターユスは無量寿仏《むりょうじゅぶつ》と訳される。つまり無限の寿命をもち、無限の光に包まれているという意味である。両者に共通のアミタが中国で音写されて「阿弥陀」と呼ばれるようになった。

阿弥陀如来は西方極楽浄土にいて今も説法をし、人びとを救済するといわれるのであるが、阿弥陀如来が現在の地位を築くまでにはとてつもなく長い修行時代があった。

阿弥陀如来はもともとインドの国王だった。その時代インドには世自在王仏《せじざいおうぶつ》という仏がいて教えを説いていたが、国王はその教えに共感して即座に王位を捨てて出家し、法蔵比丘《ほうぞうびく》と名のって世自在王仏のもとで修行に励んだ。

法蔵比丘は世自在王仏に「私は仏教に深く帰依する心を起こしました。仏教の教えを余すところなくお説きください。私は修行して悟りをひらき、苦悩にあえぐすべての人びとを根底から救済したいと思います」と告げた。

すると法蔵比丘の殊勝なこころに打たれた世自在王仏は、神通力をもってさまざまな仏国土《ぶっこくど》（仏の国・浄土）を法蔵比丘の眼前にあらわして見せた。法蔵比丘はそれらの仏国土をひとつずつ詳細に観察して、理想的な仏国土とは何かについて長いこと思惟《しゆい》（熟考）した。法蔵比丘が思惟した時間は五劫《ごこう》といわれている。劫はサンスクリット語のカルパを訳したもので、非常に長い時間のことであるが、具体的にどれくらいの期間かはわからない。ある仏典によればその長さは一由旬《ゆじゅん》（一説に九マイル、約一四・四キロメートル）立方の鉄の城に芥子粒を満たし、百年に一粒ずつ取り去ってすべての芥子粒を取りつくしても劫は終わらないといわれている。一劫はかくも長い期間である。五劫というのだから、法蔵比丘がいかに長い間思惟していたかがわかる。

奈良の東大寺には、法蔵比丘が五劫の間考えていたときのすがたをとらえた五劫思惟阿弥陀如来像というものがある。あまりに長い間、理想的な浄土について考えていたので、髪はぼさぼさになり、ちょうど大きな日本髪のかつらをかぶったような一種異様なすがたにつくられている。

さて、五劫の間考えに考えた法蔵比丘は、自分がつくる理想的な浄土の構想を固めた。法蔵比丘の考えた浄土とは、すべての衆生が救われることが約束された浄土であった。そしてその建設を実現するために四十八の誓願を立てたのである。

四十八の誓願とは

これは阿弥陀の四十八願《がん》としてよく知られているが、浄土宗や浄土真宗では大変重要視されてきた。とりわけ第十八願、第十九願、第二十願は重要である。

第十八願「私が仏となったあとに、清らかな心をもって仏の教えを信じ、また念仏を十回となえても極楽に往生できない人が一人でもいれば、私は決して悟りをひらいて仏となることはない」。

第十九願「私が仏となったあとに、仏教を固く信じ、さまざまな善き行ないをした人の臨終に際して、自分が弟子を連れて迎えに行くことができなかったならば、私は仏になって悟りの境地に安住することはない」。

第二十願「私が仏になったあとにも、南無阿弥陀仏の名号《みょうごう》を聞いて極楽往生したいと願い、さまざまな功徳《くどく》を積んでも極楽往生することができない人がいるならば、私は仏となることをやめよう」。

要するに四十八願は法蔵比丘が理想的な仏国土をつくる不退転の決意を表明したものであった。

以来法蔵比丘はこの四十八願を成就すべく修行してさまざまな徳を積んだために、ついに満願成就して阿弥陀如来になることができた。法蔵比丘が阿弥陀如来となったのは今から十劫前というから、これまたずいぶん昔のことである。

阿弥陀如来は今でも西方極楽浄土の教主として法を説いている。そして一度でも念仏をとなえ、阿弥陀の救済を信じる人の臨終に際しては、必ずあらわれて浄土に連れて行ってくれるという。

ところで釈迦も王族の出身の王子だったが、その地位を捨てて出家し、修行して仏教の開祖となった。釈迦のころのインドでは王族、武士階級のものが高遠な哲学や宗教思想を説くということがしばしばあったようである。インド哲学の奥義書《おうぎしょ》として名高いウパニシャッドの中にも、王族の説いたすぐれた思想がしばしば紹介されている。上にあげた阿弥陀如来の来歴は伝説的な話として伝えられ、阿弥陀如来が実在の人物かどうかは定かではないが、当時王族の中に法蔵比丘のモデルとなるような人物がいたことも考えられる。

25 念仏

念仏とは心に仏を思うことだった

「念」とは記憶し想起すること

「念仏」ということばは、サンスクリット語のブッダ・アヌスムリティの漢訳である。現代の日本語では、「南無阿弥陀仏」などと声に出してとなえること、またはその文句を指すようになっている。しかし、もとの意味では仏の姿や功徳を心に思い浮かべることだった。漢訳語もすなおに読めば「仏を念ずる」であり、原意に忠実に訳されたことばであることがわかる。

では、それがなぜ「南無阿弥陀仏」ととなえることになってしまったのかということの説明はのちにすることにして、まずもともとの「念仏」がどのようなものであったのか見てみよう。

「念」とは記憶し想起する精神の作用のことであるが、インドにおいては仏教以前から「念」ずることの意義が重要視されていた。精神を集中してある対象を思念する「禅（定）」「念想」などとともに、インド起源の宗教、すなわちバラモン教・ヒンドゥー教・ジャイナ教においては共通して「念」を重要な修行法と考えている。

仏教もこの伝統を引き継ぎ、ごく初期から「常に正しく内省していること（念正知《ねんしょうち》）」が修行者の徳目として教えられている。また、経典編纂以前では、口伝えで教えが伝授されたので、教えを正しく覚え、伝えるためにも、くり返し教えを想起（念）することが必要とされたのである。

「念」にはいろいろな種類・分類の仕方があるが、その念ずる対象によって十種にわける十念（十随念《ずいねん》）というものがある。その十というのは、①仏随念　②法随念（真理を念ずる）　③僧随念　④戒随念　⑤施《せ》随念（布施による功徳を念ずる）　⑥天随念（天に生まれ変われる功徳について念ずる）　⑦寂静《じゃくじょう》随念（涅槃のすばらしさを念ずる）　⑧念死　⑨念身　⑩入出息念（呼吸に精神を集中させる）、である。この第一の「仏随念」が「念仏」の起源であろうと考えられている。

この十念は全体としてひとつの修行法、あるいは修行のひとつの階梯であったが、この中の仏随念だけがしだいに重視されるようになっていった。それにはほかの念想の対象が抽象的で行が行ないにくいという事情もあったのではないだろうか。仏を念ずるということなら、一般の人びとにもわかりやすいし、取りつきやすい。そうして、仏教の修行における念仏のウエイトが大きくなっていったのではないかと思う。

仏を念ずる順序

さて、その念仏の方法であるが、これはまず仏の特徴的な姿を思い浮かべることから始まる。

仏には「三十二相八十種好《さんじゅうにそうはちじゅっしゅごう》」という、仏だけがもつ肉体的な特徴（偉人の相）がある。三十二の大きな特徴と、それに付随する細かい特徴だ。これを思いやすいものから念頭に浮かべ、それに精神を集中していく（例えばそれは仏の眉間《みけん》にあるという白い毛、白毫《びゃくごう》を念ずることから始める）。ひとつの特徴の念想が達成できると、別の特徴の念想に移る。仏の各部の念想ができるようになると、仏の全体の姿へと進む。そうして目の前に仏がいるように感じられるところまで念想を深めていくのである。ここまでで念仏が完成と見る考えもあるが、さらに進んで、仏のもっている能力、仏がもたらす功徳、そして仏の説いた真理と、より抽象的で根本的な内容に念を展開していくように説く経典もある。

このような念仏の行をなぜ行なうかというと、これによって悪い業から離れることができ、真理への道が開け、涅槃にはいることができる、あるいは浄土に行くことができるからだという。確かに常に仏のことを念じていれば、悪い考えがはいり込む余地はないだろうし、仏の教えに対する理解も自然と深まり、悟りへの道につながっていくだろう。本来の念仏の目的はそのようなところにあったのではないかと思われる。しかし、仏教の展開にともなって念仏はさらに重要な意義をもつようになる。

この念仏の意義の変化の背景には、仏（如来・菩薩）に対する意識の変化がある。それは仏を真理の体得者と見る考えから、救済者と見る考えへの変化といえよう。初期の仏教においては、仏（釈迦）は最高の真理を悟り、それによって苦しみを超越したものであり、その真理を人びとに伝える偉大な教師であった。それが時代が下がり、仏教が広く信者をもつようになると、仏は修行と真理の体得によって得た超人的な力によって人びとを救済する救済者としての性格をもつようになっていった。

こうした仏の性格の変化によって修行のもつ意味も変化した。修行は自己を高めるためだけではなく、救済者（仏）へ近づく手段としての意味ももつようになり、この傾向は仏の救済者的性格が強まれば強まるほど大きくなっていった。

阿弥陀信仰と称名念仏

念仏もこうした流れの中で、救済者（仏）へのアプローチの手段としての性格をもつようになった。例えば、悪人であろうとも念仏をとなえれば仏の力によって浄土に往生できるというような信仰がそうである。そして、このような変化の中で、同じ念仏でも阿弥陀如来への念仏が特に信仰を集めるようになっていった。それは阿弥陀如来が、自分の名を念ずるものであれば、どんな悪人でも救って極楽浄土へ迎える仏であるとされたからである。どうせ念じるならば、必ず救済してくれるという仏がいいに決まっている。

阿弥陀如来を信じ、その浄土である極楽へ往生することを願う信仰のことを「浄土信仰」と呼ぶが、この浄土信仰を完成させたのが、中国浄土教の祖といわれる曇鸞《どんらん》・道綽《どうしゃく》・善導《ぜんどう》である。かれらはそれまで補助的な修行と考えられていた念仏を、末法の時代（↓末法思想）にふさわしい修行法であるとして、念仏を主とした信仰生活を説いた。その中でも善導は、阿弥陀如来の名前をとなえる「称名《しょうみょう》念仏」の重要性を強調した。阿弥陀如来の名前をとなえるだけならば無学なものでもできるゆえに、それは仏の心にかなっているというのである。ここにおいて念仏から瞑想的要素が取り払われた。

この善導の称名念仏信仰は、中国においては必ずしも広く受け入れられたわけではなかったが、日本の仏教には多大な影響を与えた。日本浄土宗の開祖法然は、善導の思想を基礎として独自の信仰体系をつくり上げ、その弟子であり浄土真宗の開祖である親鸞もまた善導の思想を受け継いで、さらに独創的な浄土思想を発展させた。この二人によって確立された日本の浄土信仰は、庶民の間に急速に広まっていき、その結果として念仏もまた広く庶民の知るところとなった。

もし念仏が「仏を心に念ずること」でありつづけていたならば、おそらくはこれほど広く普及することはなかったであろう。それから考えてみても、善導、法然、親鸞の選択は正しかったと思える。

最後に念仏でとなえられる「南無阿弥陀仏」の意味について説明しておこう。後半の「阿弥陀仏」はいうまでもなく、浄土信仰の本尊阿弥陀如来のことである。前半の「南無」とはサンスクリット語の「ナマス」または「ナモ」の音写語で、「〜に帰順する」「敬礼する」などの意味がある。「帰命《きみょう》」「敬恭《けいきょう》」などとも意訳される。したがって全体で「（私は）阿弥陀仏を信じ従います」ということになる。阿弥陀如来の存在と、極楽に救ってくれるというその誓願を信じるということである。

――26　浄土――

浄土はどんなところか

浄土はひとつではない

浄土《じょうど》のイメージというとどんなものだろうか。蓮の花が咲き、天女が舞い、美しい鳥が妙なる声でさえずっている。空気はよい香に満ちていて、暑くも寒くもない。ここにいれば何ひとつ苦しむことはない……、といったところだろうか。まさに仏教版の天国というべきところである。

しかし、ちょっと考えていただきたい。キリスト教では神はただ一人であり、その神様がいる天国も当然ひとつである。ところが、仏教では釈迦如来のほかにも数多くの仏がいる。すると浄土もたくさんあるのだろうか？　あるいはひとつの浄土にたくさんの仏たちが集まっているのだろうか？

答は前者である。浄土はたくさんある、と経典に書かれている。星の数ほどではなく、仏の数だけ浄土はある。ただし、この場合、「浄土」というより「仏国土《ぶっこくど》」と呼んだほうがいいだろう。

私たちが「浄土」といって連想するもの、冒頭にあげたイメージなどは、基本的には阿弥陀如来の浄土、「極楽浄土」のことである。このほかに「浄土」として有名なものに、薬師如来の東方浄瑠璃《じょうるり》世界、阿閦《あしゅく》如来の東方妙喜《みょうぎ》世界などがあり、これに準じるもの（厳密には「仏国土」とはいえない）に、観音菩薩の補陀落《ふだらく》浄土、弥勒《みろく》菩薩の兜率天《とそつてん》がある。

浄土とは清浄な世界

ではそんなにもたくさんある「浄土」とは何なのだろうか。

簡単にいってしまえば、仏が修行をし、悟りをひらいた結果つくることができた清浄な世界、ということである。仏たちは修行中に、もし自分が悟りをひらくことができたら、人びとが苦しみを感じることがなく、喜びに満ちて、すみやかに悟りに導かれるような世界をつくろう、と誓った。そして、仏たちは悟りをひらいたのちに、そうした「浄土」を建設し、ここに迷える衆生を招いて、苦しみから解放し、悟りをひらかせようとしている、という。したがって、仏がつくり上げた仏の領土という意味で、「仏国土」というのである。また、仏の理想の世界（宇宙）であるから、けがれたものや悪しきものがないので、清浄な土地、「浄土」と呼ぶ。

こうした「浄土」「仏国土」に死後生まれ変わりたいと願い、そのために念仏（→念仏）などの行を行なうことを、浄土信仰というのである。阿閦如来の浄土や弥勒菩薩の兜率天への往生（浄土へ行って生まれるという意味）を願う信仰もかつては盛んであったが、やがて阿弥陀如来の極楽浄土への信仰が他を圧倒し、そこへ吸収されてしまった。一般に、浄土＝極楽と受け取られているのには、こうした事情がある。

浄土のきらびやかさは「方便」

仏教は、肉体的な快楽や宝石などの財宝の価値を、欲望を起こしその結果苦しみを生むものとして否定する。にもかかわらず、浄土の描写は、色や香や味などの肉体的快楽や宝石に飾られた宮殿などで満ちている。これはどうしたことであろうか。欲望を断ち切った仏は、そのようなものを必要とするはずはないではないか。

そのとおり、仏にはそのようなものは必要ない。必要とするのは、救われるべき人間のほうである。欲望につき動かされている人間たちに、いきなり深遠な仏教の思想を説いても見向きもしないだろう。しかし、きらびやかな快楽の世界を説けば、そこに行きたいという気持ちを起こさせることができる。そして、そこへ行くためなら、仏教の修行法も受け入れるだろう。これは仏教思想へと導く手段であり、「方便《ほうべん》」なのである。

娑婆即浄土

ところで、仏教の開祖、釈迦如来に浄土はあるのだろうか。

すべての仏が浄土をもっているというのなら、釈迦如来ももっているに違いない。しかし、阿弥陀如来の極楽浄土を説く経典、『阿弥陀経《あみだきょう》』『無量寿経《むりょうじゅきょう》』『観《かん》無量寿経』などにおいて、極楽へ往生を願うことを勧めているのは、阿弥陀如来ではなく釈迦如来なのである。

釈迦如来はあえて穢土《えど》（迷える人間たちの住む世界、すなわちわれわれが住むこの世の中のこと。娑婆《しゃば》ともいう）にいて、苦しむ人間たちに救われる道、例えば阿弥陀如来への信仰などを説いている、という考え方がある。

一方、まったく違った考え方もある。すなわち、この世界が穢《けが》れに満ち、苦しみが多いように見えるのは、そこに住む凡夫《ぼんぶ》（悟りを開いていない凡人）が迷いに満ちた心をもっているからで、悟りをひらいたものの目から見れば、この世界もまた浄土である、という。いい換えれば、この世の苦悩に満ちた様相は、そのものの心の迷い、無知の反映なのである。したがって、釈迦如来に教え導かれれば迷いは消え、この穢土にありながら同時に浄土にいる、すなわち娑婆即浄土ということになる。

浄土はもはやどこかの場所の名前ではなく、悟りの境地そのものだろう。では、その悟りの境地とは何か、となると、もはやそれは筆者の及ぶところではない。まさに仏教を実践し、悟りをひらいていただくしかない。そして、この悟りへの憧れと希求こそが、仏教の真髄なのである。

27 密教

密教とは「秘密の教え」である

大日如来と融合する「煩悩即菩提」の思想

仏教の最大の目的は衆生の救済である。その意味で、仏教の教えは大衆に広くひらかれ、個人が救われる方法が明瞭なことばで示されていなければならない。釈迦が悟りをひらいて以来、仏教は基本的にはひらかれた宗教として発展してきた。

これに対し、深遠な悟りの境地は秘密の教義と儀礼によってのみ体得されるとして、その秘義を非公開の場で師資相承《ししそうじょう》によって伝えようとする仏教があらわれた。これを秘密仏教、略して密教と呼ぶのである。

密教では大日如来《だいにちにょらい》を根本の仏と考え、ほかの如来、菩薩、明王などはすべて大日如来の化身とする。大日如来は宇宙の中心にいて、宇宙そのものである。だから森羅万象《しんらばんしょう》は大日如来のあらわれであり、それはまた大日如来に回帰して永遠の平静を保つ。

われわれ凡夫《ぼんぶ》も大日如来のあらわれであり、密教の呪文（真言）をとなえ、秘義を実践することによって大日如来との融合、すなわち悟りが達成される。これを煩悩即菩提《ぼんのうそくぼだい》という。つまりさまざまな煩悩におおわれたこの世がそのまま菩提、すなわち悟りの世界であるということである。このことが密教の最大の特徴ということができる。

雑密から純密へ

仏教に密教的要素がはいったのは古く、初期の段階にまでさかのぼる。元来、宗教と呪術的要素は不可避的に結び付いている。釈迦は仏教がこのような呪術的要素と結び付くことを厳しく戒めたが、仏教が宗教である以上、必然的に呪術的要素と結び付いた。

すでに原始仏典には、毒蛇よけなど多くの呪文が用いられていた。これらの呪文を陀羅尼《だらに》、真言と呼ぶが、大乗仏教の時代になるとそれがさらに増大して広範に使われるようになった。

この段階では密教は仏教の一部として発展してきた。これを雑部《ぞうぶ》密教、略して雑密《ぞうみつ》という。しかし、密教的部分がさらに発展をつづけると今度は密教を中心とする仏教が興った。七世紀の後半には『大日経』が成立したと見られる。密教の教説は大日如来が説いたといわれ、現実の世界に宇宙の真相（悟りの境地）を直観することが主張された。

さらに『大日経』にやや遅れて『金剛頂経《こんごうちょうきょう》』が成立したと見られ、その中ではヨーガ的実践と秘義によって大日如来と融合することが説かれている。

このような密教を中心とした仏教を金剛乗《こんごうじょう》、あるいは純密《じゅんみつ》と呼んでいる。

純密は七世紀後半からしだいに盛んになったと見られるが、一三世紀には仏教の滅亡によってインドからは姿を消してヒンドゥー教の中に段階的に吸収される。また八世紀には善無畏《ぜんむい》などの僧侶によって中国に伝えられ、さらに空海によって日本にももたらされた。そして純密は空海によって大成されたのである。

左道密教へ

一方、密教は直観的な智慧（般若の智慧）が大日如来の大悲《だいひ》（偉大な慈悲）と合一するところに悟りが完成すると考える。このため般若の智慧と大悲の合一をヨーガ的瞑想の実践によって観相することが行なわれる。この合一を大楽と呼ぶ。

経典に従えば、般若が女性原理で大悲は方便とイコールで男性的原理であり、愛の性質そのものであるが、この大悲と般若の智慧を示す二神の抱合で観相する。または自己と女神との抱合を観相する場合もある。

さらにありのままの現実を肯定する密教では、女神との合一は単に瞑想だけにとどまらない。実際に男女の性的行為における性的なエクスタシーを悟りの境地と同一視することもインドでは行なわれたようだ。これを左道《さどう》密教と呼ぶ。しかし、このような傾向が強まるところに堕落が生じ、ついに仏教は滅亡へとおもむいたのである。

　左道密教は八世紀にチベットに伝えられたが、あまりにも現実肯定的な耽楽主義的な傾向は堕落を生じ、幾度もの改革を余儀なくされたのである（→チベット仏教）。

　また一〇～一一世紀ごろには、左道密教の経典の一部が中国にも伝えられたが、中国仏教に影響を与えるには至らなかった。

日本の密教

　先にも触れたように日本には空海や最澄の手によって密教がもたらされた。

　空海は大同五年（八〇六）に中国から帰朝し、高野山金剛峯寺、教王護国寺を根本道場として密教による真言宗を創建した。両界曼荼羅を観相し、即身成仏《そくしんじょうぶつ》を本旨とする真言密教は平安時代の仏教界に大きな影響を与えた。

　空海没後一〇〇年、真言宗は小野・広沢《ひろさわ》の二流派に分かれ、その後七十余りの流派に分かれて今日に至っている。また、平安末期には覚鑁《かくばん》という碩学《せきがく》の僧があらわれ、教義上の新解釈を主張した。このため真言宗は覚鑁系と従来のものの二系統に分かれることになった。前者を新義真言宗、後者を古義真言宗という。また、天台宗の密教を台密《たいみつ》と呼ぶのに対して真言宗の密教は東密《とうみつ》と呼ばれる。

一方、天台宗は、あらゆる仏教を融合するという立場から、すでに最澄《さいちょう》が中国から密教の経典や法具などをもたらし、その受容には積極的だった。最澄は密教の教義を強化すべく空海にも助力を頼んだがかんばしくなかった。結局最澄在世中には天台宗の密教は目立った発展は見なかった。

しかし最澄が没すると、かれの弟子の円仁《えんにん》・円珍《えんちん》らが相ついで入唐《にっとう》し、密教の修得に力を入れた。これは密教化した平安仏教に対応するためでもあった。かれらの帰朝後は、台密が教学的にも整備された。そして安然《あんねん》が出ると天台宗は極度に密教化するに至ったのである。

このように日本の密教は真言宗、天台宗において盛んである。とりわけ空海は、すでにインド、中国では衰退した純密の教学を集大成して真言宗を創建したのである。

しかし仏教が宗教である以上、呪術的要素と不可避的に結び付いているため、日本でも浄土真宗を除くすべての宗派で、多少の差はあれ、密教的要素が混入している。浄土宗でも日蓮宗でも陀羅尼を読み、密教の儀礼を部分的にとり入れているのである。この意味で、密教を抜きにして日本の仏教を理解することは困難であるといわれている。

―― 28　曼荼羅 ――

曼荼羅は仏の世界を一望に図示したもの

曼荼羅は「壇」「輪円具足」

曼荼羅はサンスクリット語のマンダラの音写で、「壇《だん》」「輪円具足《りんえんぐそく》」などと訳される。インドでは古く神をまつる際に土の壇を築いた。この土壇をマンダラといった。

また「輪円具足」の輪は車輪の意味である。車輪が中央の車軸を受ける部分や外周のタガ、外周のタガと中央をつなぐ矢（スポーク）など、すべての部品を備えていることを示す。

それと同じように一切諸法、すなわちすべての仏の真理が備わっているのが「輪円具足」の意味である。

密教の曼荼羅はもっぱらこの「輪円具足」の意味であるが、これにまた広狭二義がある。すなわち広義には大日如来の一切の真理のあらわれであるから、全宇宙の森羅万象が曼荼羅ということになる。

また狭義には、諸仏を配列して図示したものが曼荼羅である。われわれが曼荼羅というときには通常この狭義のものを指す。この場合の曼荼羅は、仏の世界を一枚の図に説き示したものということになる。

内容から分けた三種の曼荼羅

曼荼羅には、内容の上から大きく分けて「都会《とえ》曼荼羅」「部会《ぶえ》曼荼羅」「別尊《べっそん》曼荼羅」の三種類がある。

「都会曼荼羅」は大日如来を中心にあらゆる仏を包括的に配列したもので、「普門《ふもん》曼荼羅」ともいわれる。これにはまた『金剛頂経』にもとづいた金剛界曼荼羅と『大日経』にもとづいた胎蔵《たいぞう》界《かい》曼荼羅がある。ふたつを両部《りょうぶ》曼荼羅、両界《りょうかい》曼荼羅という。

次に「部会曼荼羅」は、部分的に描いたものである。仏部を描いた仏頂曼荼羅、蓮華部を描いた十一面観音曼荼羅などがある。「別尊曼荼羅」は一尊を中心とした曼荼羅で、例えば釈迦如来とその取り巻きの諸尊だけをひとつの作品に仕上げた釈迦曼荼羅などがある。

表現形式から分けた四種曼荼羅

また、表現形式上では、曼荼羅には大曼荼羅、三昧耶《さんまや》曼荼羅、法曼荼羅、羯磨《かつま》曼荼羅の四種類がある。これを四種曼荼羅という。

大曼荼羅は白、黄、赤、黒、青の五色で諸仏の姿を描いたものである。これは空海が日本に請来した現図曼荼羅が有名で、オーソドックスなものということができる。次に三昧耶曼荼羅は諸尊の持物《じもつ》（持ち物）だけを描き、諸尊を象徴的に示したもの。また、法曼荼羅は諸尊の種字《しゅじ》（イニシャル的なもの）を書いたもので、種字曼荼羅ともいわれている。最後に羯磨曼荼羅は絵画ではなく、諸尊の彫塑像を配置した立体的なものである。

胎蔵界曼荼羅

胎蔵というのは母胎、すなわち子宮を意味する。悟りを求める心（菩提心《ぼだいしん》）をあたかも母親の愛情を思わせる仏（大日如来）の大悲（慈悲）がみごとに育て、衆生救済のための教化活動をする。これを図示したものが胎蔵界曼荼羅である。

一二の院（部分）から構成される。中心になる「中台八葉院《ちゅうだいはちよういん》」は、大日如来を中心にその別徳を象徴する四如来、四菩薩を八葉の蓮弁に配置する。この中台八葉院を中心に四方に向かって四重に一一の院が配置される。

仏の智をあらわすといわれる「遍智院《へんちいん》」、観音を主尊として仏の智慧から発する広い慈悲をあらわす「蓮華部院《れんげぶいん》」、金剛薩埵《こんごうさった》を主尊とし、仏の智慧が金剛（ダイヤモンド）のように堅固であることを象徴する「金剛部院《こんごうぶいん》」、明王を配していかなる煩悩をも断つ仏の智慧の力をあらわす「持《じ》

胎蔵界曼荼羅の構造図

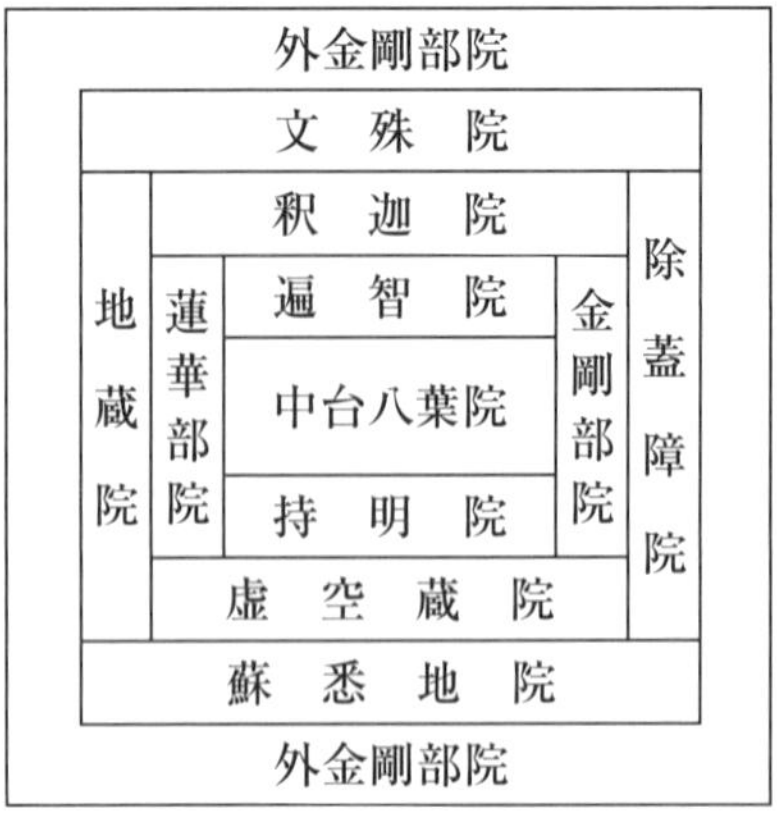

明院《みょういん》」、釈迦を主尊とする「釈迦院」、地蔵菩薩を主尊とする「地蔵院」、虚空蔵《こくうぞう》菩薩が主尊の「虚空蔵院」、除蓋《じょがい》障《しょう》菩薩を主尊とする「除蓋障院」、文殊菩薩が主尊の「文殊院」、孔雀明王や十一面観音菩薩など八尊が並ぶ「蘇悉《そしつ》地院《じいん》」、一番外側の「外金剛部院《げこんごうぶいん》」は帝釈天など二〇五の天部《てんぶ》、眷属《けんぞく》などを並べる。

　胎蔵界曼荼羅には四一四尊が描かれ、人は密教の修法《しゅほう》によってこれに近づくことにより、仏の世界に参入することができるといわれている。しかし、この胎蔵界曼荼羅によっては、仏の世界に参入するにとどまり、まだ成仏することはできない。成仏のためには即得《そくとく》成仏を説く『金剛頂経』による金剛界曼荼羅によらなければならない。

金剛界曼荼羅

　金剛とはダイヤモンドのことで、仏の智慧が堅固で鋭いことを象徴している。金剛界曼荼羅はあらゆる煩悩を即座に断ちきる仏の悟りの智慧をあらわすといわれている。

成身会《じょうじんえ》を中心に九会《くえ》（曼荼羅）で構成されている。九会は次のとおりである。

「成身会」は一種の瞑想法を図像化したものといわれ、結果として仏の悟りの実体をあらわす。

次に「三昧耶会《さんまやえ》」「微細会《みさいえ》」「供養会」は成身会と同じ構造で表現形式の違いである。

また「四印会《しいんえ》」は成身会から供養会までの四会をまとめて示したものといわれている。

「一印会《いちいんえ》」は大日如来一尊のみを描いたもので、複雑な仏の世界を理解しきれない初心の修行者のためのものである。さらに「理趣会《りしゅえ》」は仏の悟りの智慧の象徴である金剛薩埵と煩悩を象徴する諸尊が同居した構造になっている。これは煩悩におおわれたわれわれ凡夫がいながらにして悟りを得るという、煩悩即菩提を示している。

そして「降三世会《ごうざんぜえ》」は忿怒形《ふんぬぎょう》の降三世明王を中心に据えたもので、仏の慈悲では救いがたい難解の衆生を、教令《きょうりょう》輪身《りんじん》（仏の化身）としての降三世明王が救済するというもの。

最後に「降三世三昧耶会」は降三世会を印相や持物などの三昧耶形（持物などのシンボルで表現したもの）であらわしたものである。以上のように、胎蔵界曼荼羅は菩提心を育て、金剛界曼荼羅は成仏の智慧を示したものである。両界曼荼羅が対になってはじめて悟りに至ることができる。

金剛界曼荼羅の構造図

四印会	一印会	理趣会
供養会	成身会	降三世会
微細会	三昧耶会	降三世三昧耶会

——29 チベット仏教——

チベット仏教は密教と土着宗教の習合

チベットへの仏教伝来

仏教がチベットに伝わったのは、紀元七世紀のソンツェンガンポ王（六一七年～六四九年在位）のときである。当時のチベットは強大な国威を誇り、ソンツェンガンポ王は中国から文成公主《ぶんせいこうしゅ》を、ネパールからはブリクチを王妃として迎えた。

とりわけ中国の文成公主は深く仏教を信仰しており、チベットにはいるときに中国から僧侶を迎え、経典をもたらしてラモチェ寺を建立した。同時にブリクチによってネパールからインド系の仏教が伝えられ、トゥルナン寺が建立された。このようにしてチベットには中国とインドの大乗仏教が同時に伝えられ、仏教伝播の基礎が確立した。ソンツェンガンポ王もまた、仏教に深く帰依し、その保護育成に努めた。当時チベットには文字がなかったが、王はチベット人をインドに派遣して文字や文法を学ばせ、それをもとにチベット文字と文法書をつくらせた。これによって経典をチベット語に翻訳することが可能になった。

仏教伝来以前、チベットにはボン教という土着の宗教があった。仏教はこのボン教とある面で習合して、独自の仏教へと発展するのである。

チベット仏教の発展

ふたりの王妃を迎えたことに端を発してチベットには仏教伝播の基礎が確立したが、その後一〇〇年ほどの間はあまり大きく発展することはなかった。八世紀も後半になって、チーソンデーツェン王（七四二年〜七九七年在位）は仏教をチベットの国教とすることを決意し、インド仏教の大学者シャーンタラクシタ（寂護《じゃくご》）という僧を招き、そのためにサムイェ寺院を建立した。建立に一二年の歳月を要したサムイェ寺はその後のチベット仏教の根拠地となった。

また七七三年には、王の招きにより密教行者のパドマサンバヴァ（蓮華生）がチベットにはいり、密教を伝えた。加持祈祷を駆使して種々の霊験をあらわす密教は、チベット人の呪術的な性格とよく合致してこの地に深く浸透することになる。

さらにこののち、シャーンタラクシタの弟子カマラシーラ（蓮華戒）がチベットにはいった。かれはサムイェ寺を拠点にしてかずかずの著作を著し、チベット仏教の基礎を築いた。かれの功績もあって、チベットではインド系の仏教が勢力を伸ばした。しかし、このことは当初共に伝来した中国系仏教徒との対立を深めることにもなったのである。

事態の収拾に乗り出したチーソンデーツェン王は、中国から来た大論師大乗和尚とカマラシーラを対論させた。御前論争の結果、カマラシーラは大乗和尚をみごとに論破し、大乗和尚はチベットを追われることになった。これよりチベットではインド系の仏教が正統説となった。

前述したようにチベットの仏教は土着の民間宗教であるボン教とある面で習合して独自の仏教に発展した。そしてインドからは密教を中心にとり入れたので、秘儀的な要素が強まったが、それはまたチベット仏教を閉塞させ、ある面で堕落させる要因にもなったようである。

チーソンデーツェン王の孫のレェパチェン王も深く仏教に帰依して、その保護と発展に尽力した。かれの時代にも多くの学者が輩出して膨大な数の経典の翻訳が行なわれた。サンスクリット語、チベット語、漢語、蒙古語の訳語を統一した一種の対照辞典『翻訳名義大集《ほんやくみょうぎたいしゅう》』は、この時代に編集されたもので、現代でも不朽の名著として活用されている。

ところがレェパチェン王は弟のランダルマによって殺されてしまう。みずから王位についたランダルマは激しい排仏を行ない、僧侶を還俗《げんぞく》させたり殺害したりした。このため多くの優秀な僧侶たちが国外に逃れた。

しかし、このランダルマ王もまもなく殺されてしまう。次に王位についたイェーシェーオェは仏教を保護し再びその興隆をはかった。かれの治世にインドからアティーシャ（九八二年〜一〇五四年）という僧侶が招かれ、チベット仏教の復興に大いに貢献した。アティーシャは戒律

彩色金剛界曼荼羅

染川英輔 著 新作彩色曼荼羅の全尊を原画と同寸大で掲載し、制作の記を付す。白描「一印会」を付録。
《内容見本進呈》 B4・144頁 一八三五〇円

彩色胎蔵曼荼羅

染川英輔 著 全四一二尊を原画と同寸で掲載、さらに完成までの記録を併載。白描の「中台八葉院」を付録。
《内容見本進呈》 B4・192頁 二一〇〇〇円

図解・曼荼羅の見方

小峰彌彦 著 新作の曼荼羅（染川英輔画）を所蔵する寺院住職が常日頃の曼荼羅解説そのままに、見るときのポイントを図示。 一八九〇円

図説・マンダラの基礎知識【密教宇宙の構造と儀礼】

越智淳仁 著 両部マンダラを中心にその思想・儀礼・図像を解説。カラー図版数百点。 三五七〇円

仏教の総合雑誌

大法輪

A5 八四〇円 送料一〇〇円

「月刊『大法輪』は、昭和九年に創刊された、一宗一派にかたよらない仏教雑誌です。仏教の正しい理解のために、また精神の向上のためにも『大法輪』の購読をお勧めします。」 **梅原猛（哲学者）**

図解・仏像の見分け方【増補新装版】

大法輪閣編集部 編 各尊の由来、形の特徴と意味、ご利益、真言の唱え方を解説。図版に見分け方のポイントを記入。「アジア各地の仏像」を追補。 一八九〇円

仏のイメージを読む ―マンダラと浄土の仏たち

森 雅秀 著 観音・不動・阿弥陀・大日。百数十点の図版と最新の研究を駆使して、仏教美術の名品に託された、人々の「聖なるもの」への信仰世界を解明。 三三六〇円

写仏のすすめ【増補新装版】

難波淳郎 著 写仏ブームを呼んだ旧版に、薬師如来・十一面観音・虚空蔵菩薩・弁才天の下絵を加え、内容も一部改訂。下絵14枚付き 三〇四五円

写経のすすめ

一色白泉 編著 写経の心得、書き方等を紹介。お手本に般若心経、法華経如来寿量品偈、観音経等を付した格好の入門書。〈写経手本8種／写経用紙10枚付〉 二九四〇円

曽我量深先…合集

津曲淳三 編 近代… 深師に生涯師事し、…願、他力・悪人 深選集』『曽我量… されている言 編者が集めた師… 一九九五円

…大弟子や神々 涅槃図に秘められ…。 二一〇〇円

空海『性…

…明。 原典を読む …とされる『阿字 阿字観次第によっ 二八三五円

…きたり

…の種類、日本仏 ・法事・お墓参 一六八〇円

…な語りで深遠 二五二〇円

ほんとうは大事な「お葬式」

村越英裕 著 「日本仏教のお葬式の原点は」「お葬式作法の由来と意味」「お坊さんはお葬式で何をしているのか」など、フツーのお坊さんが説く、葬儀の常識と雑学。 一七八五円

テーラワーダ仏教「自ら確かめる」ブッダの教え

アルボムッレ・スマナサーラ 著 ブッダの教えと実践方法を、今日まで伝えてきたテーラワーダ（上座）仏教が、誰でも実践できる幸せへの道を説く。 一八九〇円

釈尊ものがたり

津田直子 著 釈尊ご誕生から出家・ご入滅までの壮大なご生涯を、南伝大蔵経・因縁物語をベースに活き活きと流麗な文章で綴った心温まる本格的な釈尊物語。 二三一〇円

仏教を学ぶ 日本仏教がわかる本

服部祖承 著 仏教伝来の歴史から各宗派の教えと特色、主な仏像、日常のおつとめ、坐禅の仕方など…日本人なら知っておきたい基礎知識を見開きでやさしく紹介。 一四七〇円

日本仏教十三宗 ここが違う

安田暎胤・平岡定海 他共著 本尊や教義など共通の設問を通して各宗派や流派の相違をとらえる。 一八九〇円

梵字でみる密教 その意味・教え・書き方

児玉義隆 著

…ず 210 円です。

を厳しく定め、堕落したチベット密教の大改革をやってのけた。

以降、かれの影響を受けた多くの碩学が輩出し、チベットの密教は多くの学派に分かれて仏教研究や経典の翻訳が盛んに行なわれるようになった。そして一三世紀には経典の翻訳はほぼ完成し、『チベット大蔵経』が編纂される。

一四世紀になるとチベット最大の宗教家ツォンカパ（一三五七年〜一四一九年）が登場して、さまざまな改革整備を行ない、その後のチベット仏教の性格を形成するとともに、基礎を不動のものとした。

ツォンカパ

ダライ・ラマ政権の誕生

チベットでもっとも特徴的なのはダライ・ラマの存在である。チベット人はチベットを観音の浄土と信じ、この浄土を治めるものはダライ・ラマといわれ、人びとの尊崇を集めた。モンゴル語でダライは海、ラマはチベット語で上人で、海のように偉大な上人というほどの意味であろう。ダライ・ラマは代々転生《てんしょう》すると考えられ、前代のダライ・ラマが亡くなってから生まれた子供のうち、奇瑞のあったものの中から選ばれた。つまり観音菩薩が人間の肉体をかりて永遠に生きつづけると考えたのである。現在インドに亡命中の第一四世ダライ・ラマもこの方法で選ばれたのであり、観音の化身としてのダライ・ラマへの信仰には根強いものがある。

さて初代のダライ・ラマは前述したツォンカパの弟子のゲンドゥン・ドゥプ（一三九一年～一四七八年）である。かれは一四四七年にタシルンポ寺という大寺院を創建し、ツォンカパから受け継いだ基礎をさらに強固なものにした。

それから二〇〇年ほどの間、チベットは国力を拡大して、第三世ダライ・ラマのソナムギャムツォ（一五四三年～一五八八年）のときには隣接するモンゴルにもその勢力が及んだ。しかし、第五世ガワンロサンギャムツォ（一六一七年～一六八二年）のときには、モンゴルには大汗《アルタ・ハン》があらわれ、チベットにまで侵攻してきた。

大汗はチベットを制圧することなく、みずからが後見人となって第五世ダライ・ラマに政権を与えた。ここに宗教、政治両面の指導者であるダライ・ラマが誕生し、以降その伝統が受け継がれることになる。

第五世ダライ・ラマは一六四八年にポタラ宮殿を築いて、ここを政治と仏教の中心地とした。ポタラとは南インドにあるといわれる観音の浄土ポータラカ（補陀落山《ふだらくさん》）からつけられた名前で、チベットの政治、宗教の中心が理想郷にあることをも意味している。

パンチェン・ラマ

チベットにはダライ・ラマと並んで、もう一人のラマが存在する。これをパンチェン・ラマ、あるいはタシ・ラマと呼んでいる。パンチェン・ラマの称号は、第五世ダライ・ラマによってツォンカパの系統のロサンチューキギャルツェン（一五六七年～一六六二年）に贈られたのが最初である。

パンチェンは大学者の意味であり、またタシ・ラマは吉祥のラマの意である。ダライ・ラマが観音菩薩の化身とされるのに対して、パンチェン・ラマは阿弥陀如来の化身としてあがめられている。ダライ・ラマが政治的、宗教的権威を兼ね備えるのに対して、パンチェン・ラマはもっぱら宗教的権威としてチベットに君臨している。

しかし、両ラマの関係は必ずしも融和的なものではなく、とりわけ近世に至っては、隣接する中国やインドを植民地支配していたイギリスなどの政策に翻弄されたかたちで両者の溝は深まったといえる。

ダライ・ラマがイギリス寄りの姿勢を見せたのに対して、パンチェン・ラマは中国の政策を支持してきた。そして近年中国がチベットを制圧すると、ダライ・ラマは自国を追われることになった。第一四世ダライ・ラマは現在インドで亡命生活を強いられている。

しかし不本意にも亡命中の身であるダライ・ラマだが、チベットの精神的指導者としての権威は失っていない。今でも多くのチベット人によって尊崇され、かれらの精神的よりどころとなっており、加えてローマ法王などと並ぶ、世界の宗教者としての発言力をもっているのである。

part.3 日本仏教

30　仏教伝来
――仏教受容は国論を二分した――

仏教の私伝と公伝

わが国には古くから百済《くだら》、新羅《しらぎ》、高句麗《こうくり》からの帰化人が住んでおり、かれらの間には仏教を信奉し草庵を結んで仏像を安置しているものもいたことが、古い文献には記されている。その意味で仏教は公伝以前から日本人に知られていたということができる。

このような背景があって、欽明《きんめい》天皇の時代になると百済の聖明王《せいめいおう》（五二一二年～五五三年）が使者を遣《つか》わして、釈迦仏金銅像一体、仏具、経典などを天皇に贈り、日本でも公に仏教を信奉するように勧めてきた。これが仏教の公伝である。

『上宮聖徳法王帝説《じょうぐうしょうとくほうおうていせつ》』という書物には、欽明《きんめい》天皇戊午七年（五三八）に仏教が正式に伝えられたと記されている。また『日本書紀』には、欽明天皇一三年壬申（五五二）とある。しかし、現在では『日本書紀』を記述の誤りとし、前者の五三八年説が学会などでも公に承認されている。

仏教の受容をめぐる蘇我・物部の争い

欽明天皇は仏教の受容の可否に関して重臣たちの意見を聞いた。このとき蘇我稲目《そがのいなめ》は受容して信奉すべきであると答え、物部尾輿《もののべのおこし》や中臣鎌子は古来からあるわが国固有の神々の怒りを招くから受容すべきではないとした。

このように朝臣たちの意見は当初から崇仏と排仏に分かれて真っ向から対立した。結局賛否を決することができないまま、天皇は稲目の請いに従って仏像を稲目に与え、それを拝することを許した。稲目は向原《むくはら》の家を向原寺として仏像を安置した。

このようにして仏教は、ひとまず蘇我氏によって受容されたのであるが、以降崇仏派の蘇我氏と排仏派の物部氏との間で争いがつづくことになるのである。これにはもちろん仏教の受容について宗教的な意見の相違という問題があったが、その根底には政治的な権力闘争もあった。

蘇我氏が仏教を受容してまもなく、疫病が流行した。排仏派はこれをわが国固有の天神地祇《てんじんちぎ》のたたりとして、向原寺を焼き払い伝来の仏像は川に流した。

蘇我馬子の勝利

欽明天皇のあとに即位した敏達《びだつ》天皇は、どちらかといえば排仏派であったが、この時代に百済や高句麗から頻繁に仏教が流入するようになった。敏達天皇一三年（五八四）には百済から弥勒の石像が贈られ、これを当時大臣に任ぜられた稲目の子の馬子が譲り受け、寺を建立してまつった。このとき馬子の懇願により、帰化人の娘ら若干名が出家して仏像に仕《つか》え、法会《ほうえ》などを営んだ。さらに仏舎利を得て仏塔も建立された。しかし、その後、再び疫病が流行すると排仏派によって寺が焼き払われた。

敏達天皇についで即位した用命《ようめい》天皇は仏教を深く信奉した。そして即位二年目に病気にかかったとき、天皇は僧侶を招いて正式に仏教に帰依しようと考えて朝臣たちの意見を聞いた。このとき蘇我氏と物部氏を中心に賛否両論あったが、蘇我馬子は反対派を押し切るかたちで豊国《とよくに》法師を宮中に招き、用命天皇は仏法僧の三宝に帰依した（↓僧）。

用命天皇が崩御すると、物部尾輿の子の守屋は穴穂部《あなほべ》皇子を、馬子は敏達天皇の皇后だった炊屋《かしきや》姫尊（のちの推古天皇）を天皇に擁立しようとして対立を深めた。守屋は武力に訴えて軍をあげたが、逆に馬子はこれを討ち取った。ここに物部氏は滅亡して、蘇我氏が事実上政権をとった。

強力なライバルがいなくなると馬子の政治はしだいに独裁的になり、推古天皇の次の崇峻《すしゅん》天皇は馬子に殺されてしまった。

このように馬子は政治的にはさまざまな問題を残した。しかし、熱心な崇仏派だった馬子は、この間に百済などとの交流を深め仏教文化の流入に力をそそいだ。百済から僧を招いて仏教を講じさせ、また日本人を百済に遣わして仏教を学ばせた。さらに建築技術をはじめとして絵画や彫刻などさまざまな分野の技術者を招き、寺院の建立などにあたらせた。この時代に日本の仏教興隆の基礎が固まったということができる。

31 聖徳太子はなぜ偉いのか

——31 聖徳太子——

聖徳太子の主要な業績

聖徳太子（五七四〜六二二年）が日本史上最初の聖人であることは、まず疑いがないだろう。さまざまな資料から聖徳太子の実在はほぼ確認できるが、その実体となると、やはり厚い神話と伝説に包まれているといわざるをえない。太子がそれ以前の神話的英雄、聖人と異なっている点は、かれが現実的な政治家、知識人として歴史に登場し、かつ現実的な実績を残している点である。

一般に太子の業績といわれているものは、次の六点であろう。

一、冠位十二階の制定　二、十七条憲法の作成　三、遣隋使の派遣　四、経典の注釈書の作成　五、史書の編纂　六、寺院の建立

これらは高校の授業などでも教えられることであり、歴史的事実と思われている。事実、これらに対応する史料も多く残されている。しかし一方では、これらが太子個人の業績であるかどうか、またこれらのことが喧伝されているような効果をあげたかどうかについては疑問が投げかけ

られている。

例えば、冠位十二階の制定には蘇我馬子の関与が考えられており、その実施においても有力豪族や地方豪族までには及ばなかったといわれている。遣隋使についても、「日出ずるところの天子」の国書に見られる隋との対等外交の意図は、結果としては成功しなかったのではないか、とも推測されている。経典の注釈書については偽作であるという疑いが濃く、十七条憲法にもあまり有力ではないが偽作説が出されている。

関晃氏は「すべて基本的には太子の協力の下に行われた蘇我氏の政治の一環とみるべき」と書かれているが、これらの業績にどの程度太子の意思や独自性が発揮されているのかについては、まったく不明といってもよいだろう。

聖徳太子像

「聖徳太子シンクタンク」
しかし、聖徳太子が日本古代最高の知識人であったことはまちがいない。太子の周辺には高麗の慧慈や百済の慧聡など国際的な知識人が集まっており、太子はかれらから最新の知識を吸収していたと思われる。「聖王」「法王」といった称号が生前から太子に対して使われていたが、これも太子の学識の深さを示すもので、その知識は古代国家において貴重なものであっただろう。

太子とその周辺の国際的知識人の集団（遣隋使小野妹子もこの中に入れてよいだろう）が、国家のプレーンとして機能していたであろうことは容易に想像がつく。それは太子を頂点とするシンクタンクであったと見ることも可能である。そして、この「聖徳太子シンクタンク」が太子の名において、さまざまな政治活動をしていたと考えることもさして無理がない。いい方をかえれば、古代の知識人たちの活躍は聖徳太子の名において統括されていたということである。

こうしてみると、先ほどの疑問も違った様相を呈してくる。例えば、経典の注釈書については、それが仮に太子個人の著作ではなく、その成立も太子没後であったとしても、少なくともその撰述には太子の意図が反映されていた。すなわち「個人・聖徳太子」の指示のもとに「シンクタンク・聖徳太子」が執筆したのである。十七条憲法や史書の編纂についても同様の考え方が可能であろう。

また、遣隋使については、政治的には失敗であったとしても、留学生《るがくしょう》・留学僧《るがくそう》を送り、大陸の文化を輸入するという文化行政の面では着実な成果をあげている。事実、太子以降、訪中団の目的は外交から文化の摂取に重点が変化している。このことは、太子が仏教の普及、国教化を強力に推し進めたということと連動している。当時、仏教とは宗教であるとともに、いやそれ以上に先進文化の象徴であった。仏教を導入するということは、それにともなう建築や土木の技術、絵画や彫刻や織物の技能、文字や音楽の知識などの導入でもあり、それらの技術者・知識人の輸入でもあった。このような大事業の実施の背後にシンクタンクの指導があっただろうことは想像にかたくない。

「法王」という称号から考えると、「個人・聖徳太子」は文化面において相当の指導力をもっていたに違いない。もちろん「個人」にしろ「シンクタンク」にしろ、その活動が蘇我氏政権の枠からはみ出すことはできなかっただろう。だが、その文化政策は枠を越えて大化改新、奈良朝と受け継がれ、古代日本の文化の方向を決めたのである。これが「聖徳太子の偉さ」のひとつといえるだろう。「聖徳太子の偉さ」については、また別の考え方もできる。

聖徳太子信仰

聖徳太子はその死後まもなく伝説化される。「個人・聖徳太子」と「シンクタンク・聖徳太子」が仏教の導入に指導的役割を果たしたところから、太子が仏教伝来のシンボルとして聖人化されたのであろう。その偉大さを示すために、さまざまな伝説が生まれ、付加された。そして、太子への信仰が急速に広まっていった。七二〇年成立の『日本書紀』ではすでに伝説化された太子像が描かれているし、天平年間（七二九年〜七四九年）には法隆寺八角堂（夢殿）に太子をかたどった観音像（救世《くぜ》観音）が安置されている。

この太子信仰の早い時期の信者のひとりに最澄がいる。最澄は聖徳太子を天台宗の大成者智顗《ちぎ》の師である慧思《えし》の生まれ変わりと信じ、太子ゆかりの四天王寺に詣でたりしている。最澄の太子信仰は比叡山で受け継がれるが、比叡山は鎌倉仏教の母胎となった地である。太子信仰はまた、濃淡はあるが、鎌倉仏教の各祖師にも継承された。中でも強烈に太子信仰を継いだのが親鸞《しんらん》であった。

親鸞は太子創建と伝える京都の六角堂《ろっかくどう》に籠もり、太子の示現を受けることによって、法然への入門を決意（妻帯の決意という説もある）したといわれる。さらに親鸞は、太子をたたえる和讃も書き残している。また、親鸞が非僧非俗を宣言し、あえて公然と妻帯する道を選んだ背景にも、在家の聖人である聖徳太子への信仰があったことは疑いないだろう。

さて、太子信仰は最澄や親鸞といった仏教の主流で受け継がれるのと同時に、民間信仰の中にも定着していった。信者の団体である太子講が各地につくられ、弘法大師への民間信仰ともかかわりながら、その信仰は現在までつづいている。

太子信仰が最澄と鎌倉祖師に影響を与え、民間信仰に流れ込んでいるということは、日本仏教のほとんどが太子信仰と関係をもっているということである。これが「聖徳太子の偉さ」の第二点である。日本の仏教は歴史的側面においても、信仰的側面においても、聖徳太子の存在を抜きにしては語れない。

32 修験道

日本古来の山岳信仰

修験道とは

修験道《しゅげんどう》は、山伏《やまぶし》と呼ばれる行者が、けわしい山岳地帯で苦修練行《くしゅうれんぎょう》して、特異な霊験《れいげん》を得ることを目的としている。修行して霊験を得る道ということで、修験道と名付けられたのである。

根底にあるのは日本古来の山岳信仰であるが、それに密教、法華経信仰、浄土信仰、さらには中国の神仙術《しんせんじゅつ》や卜占《ぼくせん》などを加味したもので、日本独自の民間宗教を形成している。

役小角《えんのおづぬ》（または役行者《えんのぎょうじゃ》）を修験道の祖と仰ぎ、奈良時代には僧侶などが山林で修行することが流行した。平安時代にはいって最澄や空海も山岳修行をしたことは有名である。

また平安時代には貴族の霊場参拝も盛んになる。貴族の道中の案内をするものを先達《せんだつ》といい、山中の案内をするものを御師《おし》というようになる。中でも白河上皇の熊野御幸《ごこう》の際には、三井寺の増誉《ぞうよ》という僧侶が先達をつとめ、初代熊野三山の検校《けんぎょう》（寺社を統括する役職）に任ぜられた。

本山派と当山派

元来、個々に山林で修行していたものの中に身分制度が発生し、それが定着するようになる。そして鎌倉時代には先達《せんだつ》や御師《おし》を中心にして山伏の教団化、組織化がはかられ、室町時代には本《ほん》山《ざん》派《は》、当《とう》山《ざん》派《は》の二派が形成されて全国の山伏は両派に統括されることになった。

本山派は天台系で、三井寺を中心に熊野御師、先達を統率した。また当山派は真言系で、醍醐寺を中心に吉野金峯山《きんぷせん》の御師、先達を統率した。このように山伏の二大教団が天台、真言の両密教によったのは山岳修行が初期の段階から密教の修法をとり入れ、それと密接に結び付いていたためである。また山伏は二大教団のほかに、必然的に山岳霊場ごとにも組織化された。恐山《おそれざん》、出羽三山、日光男体山《なんたいさん》、富士山、石槌山《いしづちやま》など全国に散在する霊場に集まる山伏たちは、密接に結び付いて一山組織を形成した。山伏たちはおおむね二大教団に所属すると同時に霊場ごとにも組織化されたが、出羽三山中最大の勢力を誇った羽黒山などのように、二大教団に対抗して独自の組織を維持するものもあった。

中世から近世にかけて修験道は華々しく発展するが、江戸時代になるとその活動は幕府によって厳しく規制されるようになる。慶長一八年（一六一三）にはついに「修験道法度《はっと》」が出され、以降修験道はしだいに衰微する。さらに明治元年には神仏分離令が、同五年には修験道廃止令が出されて壊滅状態になった。しかし、民俗宗教ともいえる修験道は、日本人の精神世界にしばらく潜伏したのち、再びよみがえった。二大教団は組織を再建し、各霊場は神仏を並立して組織を維持し、現在に至っている。

山伏は半僧半俗

山伏は、験者《げんじゃ》、修験者《しゅげんじゃ》、行者《ぎょうじゃ》などともいわれる。山野に伏すことからきたともいわれる。山では苦修錬行の日々を送り、里に下りては人びとの請いに応じて厄除けや雨ごい、卜占、祈祷《きとう》などを行なう職業的なものもいる。しかし、一般に山伏は半僧半俗で、普段はほかの職業に従事して俗人と変わらない生活をし、特定の期日を設けて精進潔斎して山にはいり、修行する。

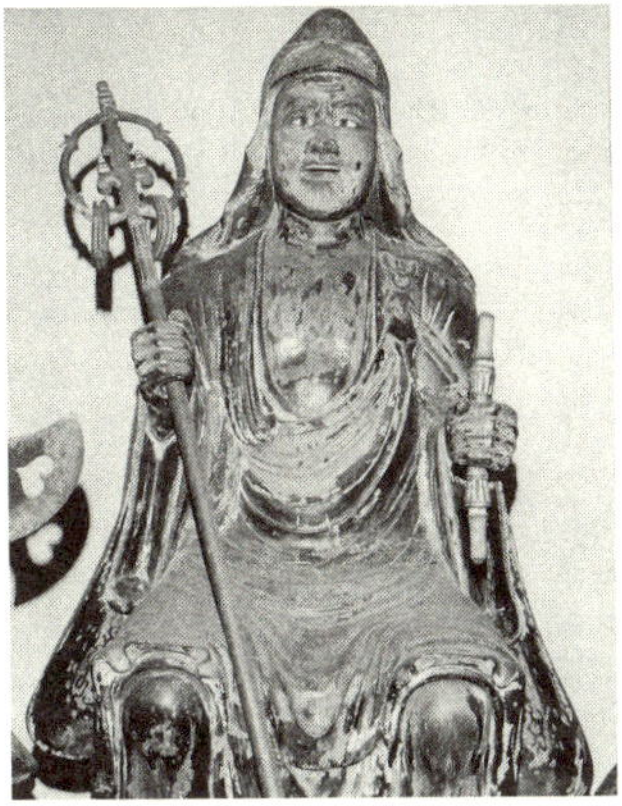
役行者像

山は他界すなわち死後の世界でもある。山伏独特の白装束は死装束でもあり、山伏が山にはいることは俗界と決別して死後の世界に旅立つことをも意味する。そしてその異次元の世界で一定の期間修行し、霊気を得て再び俗界に生まれ変わり、次回入山するまでの活力とするのである。あるいは祈祷などをして山で得た霊力を、他人のために振り向けるのである。

このような山伏の伝統は現在でも受け継がれ、半僧半俗の多くの山伏が全国に存在している。

謎の修験者、役小角

修験道の祖、役小角はなぞに包まれており、その名はわずかに『続《しょく》日本紀』に記されているだけである。それらの記述によれば、かれは白鳳・奈良時代に葛城山《かつらぎさん》に棲み、神仙術をはじめとしてさまざまな咒法《じゅほう》を会得していたという。またしばしば鬼神を使役したともいわれ、そのとがで伊豆島に流されたと伝えられている。

このような役小角の伝説は、奈良・平安時代を通じて、しだいに彼を修験者（山伏）の理想像に仕立てていった。そしてついには役小角は修験道の根本道場である大峯山《おおみねさん》の創始者、修験道の開祖と目され、『役行者本記』や『役君徴業録《えんくんちょうぎょうろく》』などの伝記もつくられて崇拝されるようになった。

また鎌倉時代以降には役行者像も数多くつくられた。岩上に座す老行者のすがたで、両わきには前鬼《ぜんき》、後鬼《ごき》を従えている。大峯山頂にもこの役行者像が安置され、今でも山伏たちはこの像の参拝を目的に大峯山に登るのである。

修験者の信仰する神像としては、役行者像のほかに、蔵王権現《ざおうごんげん》がある。姿は明王と同じだが、岩の上に立って右足をあげているところに特徴がある。これは役行者が、吉野の金峯山に参籠したときにあらわれた神であるという。

――33　神仏習合――

神は仏の仮の姿

神仏習合思想の萌芽

神仏習合《しゅうごう》とは日本古来の神道と外来の仏教が融和、習合したものである。奈良時代ごろから具体的な形をとってあらわれてくる。習合には三つの形態が考えられた。

地獄・餓鬼《がき》・畜生・修羅《しゅら》・人間・天《てん》の間を輪廻転生するという仏教の六道輪廻《ろくどう》思想では、天すなわち神は最高位にある。第一は、この神（天）が仏教の修行を積んで解脱《げだつ》し仏になったというものである。藤原武智麻呂《むちまろ》が神託を受けて建立したといわれる越前国気比《けひ》神宮の神宮寺《じんぐうじ》や若狭神宮寺などは、この習合思想のあらわれである。

第二は、日本古来の神道の神が仏教とその教えを守護するというものである。聖武天皇は東大寺大仏建立に際して九州の宇佐八幡の神助を仰いだ。これを受けて宇佐八幡神は入京し、大仏は立派に完成したと伝えられている。日本の神による仏教守護の最初の例である。このように宇佐八幡は早くから仏教と非常に近しい関係にあり、平安時代になるとその祭神を護国霊験威力神通《ごこくれいげんいりきじんずう》大菩薩と称した。これが神道の神に仏教の菩薩号を付した最初のもので、以降八幡大菩薩とも称されるようになった。

第三は日本の神々と仏教の諸仏を同一視するものである。天照大神と大日如来を同じと考えるようなものである。この考え方はのちに、神は仏が化現したものであるという権現《ごんげん》思想に達し、本地《ほんじ》垂迹《すいじゃく》説《せつ》の主流になる。

本地垂迹説——神は仏の仮の姿

『法華経』に、歴史上の人物としての釈迦（仏陀）は、悠久の過去から永遠の未来に至るまで存続しつづける超歴史的な仏陀が垂迹した（仮にこの世にあらわれた）のであると説かれている。本地垂迹説は、ここに由来する。

日本では本地垂迹説の萌芽は早い時代から見られる。仏教伝来当初より、日本固有の神に対する信仰と仏教との間に不協和音が生じていたが、しだいに両者の調和融合がはかられる。その結果としてあらわれたのが本地垂迹説である。

宇佐八幡に最初に大菩薩号がつけられたことはすでに述べたが、平安時代には神社付属の寺である神宮寺が各所に設けられ、神前読経も盛んに行なわれるようになった。そして平安中期になると、神は仏の権化《ごんげ》（権は仮りの意味）であるという思想が定着し、本地垂迹説が本格的になり、神を権現《ごんげん》ともいうようになった。

また神宮寺には社僧と称して仏教の法会《ほうえ》を営む僧侶が住持するところもあった。一方では寺院にも神がまつられ、これを鎮守《ちんじゅ》と称した。

山王一実神道と両部神道

さらに本地垂迹説は修験道や密教にも影響を与えた。熊野三山の信仰では、本宮にまつられている家津御子神《いえつみこのかみ》は阿弥陀如来の権化、那智《なち》の牟須美神《むすみのかみ》は千手観音の権化、新宮の速玉男神《はやたまおのかみ》は薬師如来の権化とされている。また本地垂迹説は、天台宗の教理に裏付けられて山王一実神道《さんのういちじつしんとう》に、真言宗の教理に裏付けられて両部神道《りょうぶしんとう》に発展した。

山王一実神道は『法華経』をよりどころにして平安後期から盛んに行なわれるようになった。比叡山延暦寺の地主神である比叡神《ひえ》を山王《さんのう》としてあがめ、いっさいの諸神は釈迦の分身であるとするものである。

次に両部神道は、聖徳太子が創始した思想で、最澄や空海がこれを大成したとする。伊勢神宮の内宮《ないくう》と外宮《げくう》を、密教の胎蔵界、金剛界両部の大日如来の権化であるとするものである。すなわち内宮の天照皇大神《あまてらすこうたいしん》は胎蔵界大日如来、外宮の豊受皇大神《とようけこうたいしん》は金剛界大日如来の権化であるとする。

このように平安後期から鎌倉時代にかけて、神道の諸神はすべて仏・菩薩の権化であるという思想が定着した。そしてこの時代には仏像にならって蔵王権現など数多くの権現像（神像）がつくられた。また諸神の本地を解きあかす本地曼荼羅なども作製された。

神を本地、仏を権化とする思想

本地垂迹思想は日本の宗教に着実に浸透していったが、南北朝時代ごろになると今度は日本の神を本地とし、仏・菩薩を権化とする説が説かれるようになった。『神皇正統記《じんのうしょうとうき》』の著者北畠《きたばたけ》親房《ちかふさ》は、その『神道論』の中でこの思想を理論的に裏付けた。また、室町時代には吉田兼倶《かねとも》が「唯一神道」をとなえてこの思想を大いに喧伝した。

しかしながら江戸時代には本居宣長《もとおりのりなが》などの国学者が「神ながらの道」をとなえ、復古思想が盛んになった。その結果、仏教は排斥されることになる。明治維新に神仏分離令が出されると廃仏《はいぶつ》毀釈《きしゃく》の機運が高まり、本地垂迹説は表向きすがたを消す。しかし長い歴史の中で培われてきた神仏習合の思想は一朝にして根絶されることはなかった。現在でも修験道などの中には、神仏習合を母体とした信仰が脈々と息づいている。

――34　鑑真――

日本仏教にはじめて戒律をもたらす

戒は善の源、律は禁止条項

戒律とは、仏教教団内の道徳的徳目や生活上の規律である。その意味で一般社会における道徳や法律と同じ概念である。一般には「戒律」という複合語で総称されるが、厳密には戒と律は別のものである。

戒はサンスクリット語でシーラといい、行為の意味で用いられる。行為には善悪があるが、単に戒という場合には「善い行為」「道徳的行為」をあらわす。

在家の信者には不殺生《ふせっしょう》・不偸盗《ふちゅうとう》・不邪婬《ふじゃいん》・不妄語《ふもうご》・不飲酒《ふおんじゅ》の五戒が定められている。すなわち生き物を殺さない、人のものを盗まない、妻以外の女性と淫らな行ないをしない、嘘をつかない、酒を飲まない、の五ヵ条である。

これらの戒は単に殺生などの行為を禁止するものではない。そのような悪い行ないから離れようとする自発的な意志、または精神力なのである。そして悪を離れて戒を守りつづければ、自然に善行が身につく。この意味で戒は善を支えるものであり、善の源でもある。

戒が自発的なのに対して、律は他律的である。サンスクリット語ではヴィナヤといい、「規則」「規律」「規範」などの意味がある。仏教教団の秩序を維持していくための規範である。部派仏教では比丘《びく》（男性の僧侶）に二五〇戒が規定されていたが、これには罰則も設けられ、もっとも重い罪を犯したものは教団を追放された。この意味で律は禁止条項であり、一般社会における法律と同じである。

このように戒と律は本来その意味を異にするが、両者はまた切り離しては考えることのできないものである。自発的な戒と他律的な律の両者が平行して行なわれることによってはじめて教団の秩序は円滑に保たれるのである。

戒律を授ける人も場もなかった

鑑真《がんじん》は六世紀末から七世紀に活躍した中国の高僧で、日本律宗《りっしゅう》の開祖である。早くから戒律や天台の教学を学び、また都に出て修行したのち、故郷の揚州に帰って大明寺で戒律を講じていた。

このころ日本ではまだ戒律を授ける戒壇《かいだん》が整っていなかった。そのため勅命により法相宗の普《ふ》照《しょう》と栄叡《ようえい》が、天平五年（七三三）に遣唐使に従って入唐した。当時すでに戒律の権威として知られていた鑑真に、ぜひとも日本に渡って戒律を整備してくれるようにと懇願したのである。

懇請に応じた鑑真は渡日を決意してさっそく行動に移した。しかし、あるときは暴風雨に遭って押し返され、またあるときは海賊の難に遭って、五度におよぶ渡日の試みはことごとく失敗に終わった。その間に鑑真は失明し、当初渡日の希望に燃えていた同行のものもあるいは亡くなり、あるいは諦めてしまった。しかし、鑑真の意志は固く、最初の試みから実に一一年後、便を得てついに来朝を果たした。ときに鑑真六七歳であった。

鑑真はすでに来朝していた中国僧たちに迎えられ、聖俗を問わず多くの人びとに大歓迎された。そして戒律の伝法を委嘱された鑑真は東大寺大仏殿の西に戒壇院をつくった。ここにわが国ではじめて僧侶に正式に戒律を授けることができるようになった。

やがて鑑真は唐招提寺《とうしょうだいじ》を建立し、ここを戒律の根本道場として日本律宗を創始する。大僧都《だいそうず》に任ぜられ、朝廷からは大和上《だいわじょう》の号を賜わり、天平宝字七年（七六三）、七七歳で没した。

―35 最澄―

比叡山は日本仏教史にそびえる主峰である

エリートコースを捨てる

日本天台宗の開祖、伝教大師最澄《でんぎょうだいしさいちょう》は、天平神護二年（七六六）、近江国《おうみのくに》（滋賀県）に生まれた。父は三津首百枝《みつのおびとももえ》といって、中国からの渡来人の子孫であったという。

幼少時代の最澄は、非常に聡明で抜群の記憶力をもっていたと伝えられている。また両親は信仰心あつく、とりわけ父は熱心に仏教を信仰して、最澄の出家を念願してやまなかったという。このような父の願いもあって、最澄は一二歳のときに近江国分寺の行表《ぎょうひょう》のもとにあずけられ一五歳で得度《とくど》して沙弥《しゃみ》となった。

師の行表は近江大国師《だいこくし》として近江国分寺を総括し、広くその学徳が知られていた。行表は若き最澄に「心を一乗に帰せ」との教示を与えたという。一乗すなわち大乗の精神をもってすべての衆生の救済に全力を尽くせということである。最澄は、その後、一生涯をかけてこの課題を追いつづけることになる。

最澄は沙弥となったのちも、行表のもとで引きつづき指導を受けた。そして二〇歳のとき東大寺の戒壇で具足戒《ぐそくかい》を受け、正式に僧となった。しかし、それから三ヵ月ほどして最澄は突如、比《ひ》叡山《えいざん》に引きこもってしまう。

当時の比叡山は修験道の山で、正式に僧の資格をもたない修験者たちが参集する山だった。いわば社会に認められないアウトローのつどう場所だったのである。一方、最澄はすでに東大寺で具足戒を受け、官僧としての順調な一歩を踏み出していた。いわばエリートコースを歩みだしていた最澄が、なぜ修験者の山に身を投じたのか。さまざまな憶測がなされるが詳細は不明である。ただかれにとって官僧としての出世栄達よりも、真の仏法を究めることの方がはるかに重大事だったことは確かである。衆生救済への強い使命感がかれを比叡山に駆り立てた。より厳しい山岳修行の中に真の仏法を見いだそうとしたのではないだろうか。

最澄の声望高まる

比叡山での最澄の修行は三六歳まで、一七年間つづく。入山してまもなく、みずからの修行の決意と大乗菩薩の立場を明らかにした『願文《がんもん》』を著した。そこには高揚する最澄の求道心が若々しいタッチで述べられている。

比叡山での最澄は『法華経』をはじめとする主要経典を読破するとともに、禅を行じ戒律を学んだ。さらに修験者にまじって山岳修行をも行なったものと思われる。

二二歳のときには山上に一乗止観院《いちじょうしかんいん》を建立した。これがのちの根本中堂《こんぽんちゅうどう》へと発展して比叡山の中心道場となったのである。さらに最澄は経蔵《きょうぞう》を建てて経典を備え、ほかの堂宇も建立して寺院の形式を着々と整えていった。

これら堂宇の建築や経典の整備には、多くの人びとが寄進や援助を与えている。このことからしても最澄が入山まもなく、すでに多くの道俗の尊崇を受けていたことがわかる。

延暦一六年（七九七）、最澄は三二歳で内供奉《ないぐぶ》十禅師《じゅうぜんじ》のひとりに選ばれた。中国の唐代に皇帝につかえた僧を内供奉といった。日本でもこれにならって制度化され、学徳ともにすぐれた一〇名が選ばれたのである。かつてみずから官僧への道を離脱した最澄であったが、今や仏教者として最高の栄誉を受けることになったのである。

以降、最澄は比叡山に南都《なんと》（奈良）の大徳（高僧）たちを招いて「法華八講《ほっけはっこう》」などさまざまな法会を開いた。文字どおり当時一流の僧侶たちと交流したが、最澄が学徳ともにかれらにまさるとも劣らないことを、自他ともに確信したのである。

この時期、比叡山はすでに南都の諸大寺と比肩する山になった。しかし、かれの究極の目標は『法華経』にもとづいて一乗思想を体系化することにあった。そのためにはかれの目ざす教理を体系的にまとめあげていた天台大師智顗《ちぎ》の法門を受けなければならなかった。

延暦二一年（八〇二）、和気弘世《わけのひろよ》の求めに応じて山をおりた。この年、和気氏の氏寺である高雄《たかお》山寺《さんじ》で南都の大徳を招いて大規模な講会が開かれたが、最澄も当代一流の大徳たちとともに招かれたのであった。

ここで最澄は法華一乗の教理を整然と述べた。桓武《かんむ》天皇はこれに大いに興味を示し、その興隆に期待をかけ、天皇みずから最澄に激励のことばをかけたと伝えられている。最澄は、この下山を機に一七年間の比叡山での修行に終止符を打った。

入唐求法

延暦二二年（八〇三）、最澄は朝廷に入唐《にっとう》の勅許を求める文章を提出した。この願いはすぐに聞き入れられ、翌年最澄は念願の唐に渡ることになるのである。

最澄は四隻の遣唐使船の第二船に乗り込んだ。このとき第一船には、まだ無名の空海が乗っていた。のちの日本仏教史を代表する二人の巨星は、くしくも同じ船団で唐を目ざすことになったのである。

五〇日余りの漂流の末、唐に渡った最澄は修善寺道邃《どうずい》から天台円教と梵網《ぼんもう》菩薩戒《ぼさつかい》を、仏龍寺《ぶつりゅうじ》行満《ぎょうまん》から天台円教を授けられ、さらに禅や密教の教えも受けた。また唐の僧侶たちの協力を得て多数の経典を書写し、若干の密教法具などを収集した。

在唐一年ののち、最澄は多数の経典の書写や法具などを携えて帰国した。帰朝後、かれは招来した経典をさらに書写して南都七大寺に納め、諸僧にこれを学ばせた。

そして、法華一乗思想にもとづく天台の教えを大いに喧伝し天台法華宗を創始した。延暦二五年（八〇六）には年分度者《ねんぶんどしゃ》、すなわち朝廷が認める正式の僧侶二名を賜った。ここに天台法華宗は正式の宗派として認められたのである。

このように帰朝後数年間の最澄の活躍ははなばなしかった。しかし、年分度者を賜った年に桓武天皇が亡くなった。同時にさまざまな問題が持ち上がり、最澄は苦難の時代を迎えることになる。

空海との決別と徳一との論争

最澄の後半生にはさまざまな問題が起こったが、ここではとくにかれを悩ませた二つの問題を取りあげよう。まず第一は空海との決別である。先に最澄と空海が同時期に入唐したことを述べた。このとき最澄は密教関係の経典と多少の密教法具を招来した。これが日本への密教の初伝とされている。しかし、最澄が伝えた密教は雑密のみであり、金剛界《こんごうかい》・胎蔵界《たいぞうかい》を合した金胎両部《こんたいりょうぶ》を備えてはじめて完成する密教の教理を理解するにははなはだ不完全なものだった。

これに対して空海は金胎両部と大量の法具類を招来した。密教の理解という点で最澄は空海に大きく遅れをとったのである。最澄もこのことに気づき、数歳年下の空海にみずから教えを受け、また密教の経典をたびたび借覧した。

空海も当初はこころよく応じていたが、最澄が密教の奥義を明かす『理趣釈経《りしゅしゃっきょう》』の借覧を願い出たとき、空海は断固としてこれを拒絶したのである。以来、二人は決別し、結局最澄は密教の奥義を把握できないままになった。

当時は天皇の病気平癒などを願うのに現世利益《げんぜりやく》的な密教の祈祷がもてはやされた。密教はいわば仏教のセールスポイントでもあり、一宗の基盤を固めるためにも不可欠の存在だった。最澄が密教の理解で空海に遅れをとったことは天台法華宗にとって大きな痛手であった。

最澄を悩ませたもうひとつの問題は法相宗《ほっそうしゅう》の徳一《とくいつ》との論争である。徳一は藤原仲麻呂の子と伝えられ、はじめ東大寺に住したが、のちに東国に移って筑波に中禅寺を建て、また会津に慧日寺《えにちでら》を建てたと伝えられている。かれの生涯については謎が多いが、最澄に再三論争を挑み大いに悩ませたことから見て、相当な学識を備えた学僧であったことはまちがいない。

徳一は法相宗の声聞《しょうもん》・縁覚《えんがく》・菩薩の三乗を厳密に分ける立場から、天台の法華一乗すなわち菩薩のみの立場を攻撃したのである。最澄は徳一の攻撃に結局満足な解答を出すことができないままになってしまったのである。

弟子たちの離反

最澄の晩年を襲ったもうひとつの問題は、弟子たちの離反である。まず愛弟子の泰範《たいはん》が空海の弟子になり、最澄と離別することになった。この泰範の人物像や離反の原因についてくわしいことはわからない。しかし、空海はかれを重要視しており、その事実からみても将来を嘱望された優秀な人物であったのだろう。最澄も空海のもとに去った泰範に再三書簡を送り、自分のもとにもどるよう懇願している。

泰範以外にも比叡山の年分度者でありながら山を去るものが続出した。これには比叡山での生活が寒《かん》・湿《しつ》・論《ろん》・貧《ひん》といわれる厳しいもので、そこで一二年間の修行に耐えるものが少なかったという事情がある。

比叡山を去ったものの多くは法相宗など旧来の宗派に転向したが、まったくゆくえのつかめなくなったものも少なからずあったという。

大乗戒壇設立の願い

晩年の最澄には憂慮すべき問題が山積していたが、そのような事情のもとにあって、かれは大乗戒壇の設立を強く訴えつづけた。

当時は奈良の東大寺、下野《しもつけ》の薬師寺、筑紫《ちくし》の観世音寺《かんぜおんじ》が天下の三戒壇といわれていた。具足戒を受けて正式な僧侶となるためにはそのいずれかで受戒しなければならなかった。しかし、最澄は旧来の戒壇を小乗戒として否定的にとらえ、大乗戒にもとづく戒壇を比叡山に設立することを切望していた。大乗戒壇の設立によってかれの法華一乗の理想は完成するのであり、比叡山は完壁に形式を整えることになるのである。最澄にとって是が非でもやり遂げなければならない大事業だった。

弘仁一〇年（八一九）、最澄は「四条式《しじょうしき》」を朝廷に提出して大乗戒壇設立の勅許を願い出た。しかし、旧来の諸宗派の反発にあって勅許を得ることはできなかった。これに対して最澄は『顕《けん》戒論《かいろん》』を著して反駁《はんばく》したが、受け入れられなかった。

最澄像

弘仁一三年（八二二）、年初から病の床にあった最澄は五七歳の生涯を閉じた。未解決の幾多の問題をかかえ、しかも最大の懸案だった大乗戒壇の設立を見ないまま、わずかな弟子たちにみとられて静かな最期を遂げた。死を前にして最澄は弟子たちに遺訓を遺した。

「わが亡きあとは、長い間喪に服して、いたずらに時を過ごしてはならない。この世に人として生をうけたことは千載一遇のチャンスであり、その貴重な時間をすでにこの世を去ったもののために費やすのは愚かなことである。そんな暇があれば修行せよ。師の弔いもそこそこに修行に専念するのは国を豊かにし、衆生を救済するためである。自分はすべての衆生を救済するまでは何度も何度もこの世に生まれて来る」。

遺訓には大乗の菩薩としての立場があますところなく述べられている。最澄の法華一乗の理想は弟子たちに受け継がれた。最澄の寂後、初七日には弟子たちの奔走により官符が下り、「四条式」に対する勅許を得ることができた。そして翌弘仁一四年（八二三）には二人の年分度者が大乗戒により受戒した。ここに最澄の悲願であった大乗戒壇を備えるに至り、比叡山は教理と実践を完璧に備える山となった。

最澄が着々と築いてきた天台宗の基礎は弟子たちに継承され、大きく開花する。比叡山は仏教研究と修行の中心地となり、法然、親鸞、道元、日蓮など鎌倉新仏教の祖師たちはみな比叡山に学び、修行をした。まさに日本仏教の中心に高くそびえる山脈となったのである。

―36 空海―

最新仏教である密教の正統を受け継ぐ

幼少時代――空海は讃岐の人

　空海は宝亀五年（七七四）、讃岐（現在の香川県）に生まれた。父は佐伯直田公《さえきあたいたぎみ》。官位が従六位下というから、一般的な地方官吏だった。母方の叔父に阿刀大足《あとのおおたり》という人がいた。この人は当代一流の儒学者で、桓武天皇の皇子だった伊予親王の儒学の師もつとめていた。空海は幼少よりこの叔父に漢学を学んだ。

　幼時からその天賦の才能を発揮した空海は、両親をはじめ、親族の期待を一心に担っていた。一五歳になると叔父の大足に連れられて大学にはいるために上京する。以降、勉学に励み、一八歳のときにはみごと親族の期待に応えて合格する。

　大学に入学した空海はさらに熱心に勉学に打ち込んだ。冬には雪明かりで勉強し、夏には螢の光を集め、梁から吊した縄で首をつり、腿にキリをさして睡魔を防いだという。空海は決死の覚悟で勉学に打ち込んだのである。

当時の大学はごくかぎられたエリートが行くところであり、大学で学んだものには政府高官の地位が約束されていたであろう。当然空海も政府の高官への道を歩んでいたことになる。そして政府の高官になることが本人の最大の望みであり、周囲の一致した願いでもあった。

「求聞持法」に出会い、修験道へ

それまでの空海はおもに儒教を学んできた。しかし、大学にはいってまもなく空海はひとりの仏教者に出会う。この出会いが空海の人生を大きく転換させることになる。その仏教者は空海に「虚空蔵《こくうぞう》菩薩《ぼさつ》求聞持法《ぐもんじほう》」という修法を説く経典を授けた。その経典には、虚空蔵菩薩の真言（呪文）を百万回となえれば、あらゆる経典を暗記し理解することができる、と記されていた。

求聞持法というのは記憶力を増大させるための密教の秘法で、当時山岳修行者の間で流行していたという。このありがたい修法に空海は飛びついた。それは仏教への興味というよりも、記憶力の増進が大学で学んでいた儒教などの修得に大いに役立つと考えたからである。

空海は「大聖の証言を信じて」一心に修行に励んだといっている。「大聖」とは仏陀（釈迦）のことである。そして修行を進めるうちに「谷はこだまし、明星があらわれる」などさまざまな超自然的な現象があらわれた。空海の「大聖」への信頼はいやがうえにも高まった。以降、かれは修験道の行者の仲間にはいって、一層修行に打ち込むのである。

ところで修験道は人心を惑わすなどの理由でしばしば弾圧され、その始祖と仰がれる役小角も捕らえられて伊豆に流された（↓修験道）。修験者たちは、アウトサイダーとして為政者からは快く思われず、悩みの種だった。将来を嘱望され、エリートコースを歩んでいた空海がそのような修験者の仲間入りをしたことは、はた目には大きな挫折としか映らなかったであろう。

しかし、空海はますます仏教に傾斜していく。そしてついに大学を退学してしまう。かれの将来に絶大な期待を抱いていた親族にとっては、あまりにもショッキングな出来事だった。

若き空海の思想変遷については、かれの主著『三教指帰《さんごうしいき》』に克明に記されている。この中で空海は儒教・道教・仏教の三教を順次批判して、仏教がもっともすぐれた教えであると主張している。そして仏教によらなければ人間が救われる道はないと説いている。『三教指帰』は空海二四歳のときの著作で、戯曲の体裁でたくみに主張を説いた名著である。本書はまた空海が仏教への転向を宣言した書ともいわれている。

密教の正統を受け継ぐ

『三教指帰』を著してから七年後、三一歳のときに空海は唐に渡る。この七年間の消息は謎に包まれて伝説や推測の域を出ないが、山岳修行を行ないながら仏教の教理を着々と修得していったようである。そしてその間に密教の根本経典である『大日経《だいにちきょう》』を学び、密教の教理にもある程度の理解を示していたとも伝えられている。一説にかれは『大日経』の真意を学ぶために入唐を志したともいう。

一カ月以上におよぶ漂流生活ののち、まさに九死に一生を得て唐にたどり着いた。このとき空海は遣唐使の第一船に乗り込んだが、第二船には最澄が乗り込んでいた。日本仏教の基礎を確立したふたりの祖師は、くしくも時を同じくして唐に渡ったのである。

唐で、空海は実に多くの人びとに出会い、さまざまな学問に触れた。中でも中国真言宗の五祖、青龍寺恵果《せいりゅうじけいか》とはドラマチックな出会いをした。恵果は、玄宗皇帝以来、三代の皇帝を帰依させた不空《ふくう》三蔵の後継者であり、宗教の正統を受け継ぐ高僧であった。恵果は空海を一目見るなり長年さがし求めてきた弟子であることを悟り、密教の秘法をことごとく伝えたという。空海は恵果のもとで曼荼羅やかずかずの密教法具を入手することができた。恵果は空海にみずからのもてるものをすべて伝え終わり、延暦二四年の一二月にこの世を去った。このとき空海が師のために碑文を書いたことは有名である。そのほかにも空海はインド僧の般若三蔵などとも会い、梵語《ぼんご》を学び、また仏教以外のインド思想にも接することができた。

在唐二年の間に空海は実に多くのことを学び、密教の経典・法具・曼荼羅などを精力的に集め、日本に持ち帰った。二年というかぎられた時間で膨大な資料を集めることができたのは、入唐前にかなりの密教の知識を持っていたことを裏付けるものでもある。そして入唐前の密教の知識にさらに磨きをかけて帰朝した。

違反により入京を許されず

帰朝した空海は、四年ほどの間筑紫にとどまらなければならなかった。帰国してすぐには入京することを許されなかったのである。というのは、かれが留学生《るがくしょう》としての所定の滞在期間を大幅に短縮して帰ってきてしまったからである。

当時、唐に渡る僧侶には還学生《げんがくしょう》と留学生というふたつの資格があった。前者は経典の収集などが終わればすぐに帰国することができるのに対し、後者は唐に二〇年間滞在して修行することが義務づけられていた。最澄は還学生として入唐したため、在唐一年の間に経典類の収集などを終わって帰国した。しかし、当時まだ無名だった空海は留学生として入唐した。修学期間を大幅に短縮しての帰国は重罪にも値するものだった。

帰国後、空海はただちに招来品のリストである『御請来《ごしょうらい》目録《もくろく》』を朝廷に提出した。この中でかれは密教と顕教との根本的な違いを説き、密教が即身成仏、すなわち生きながらにして仏となることのできる教えであることを明らかにしてい

空海像

る。

朝廷もこれを見て空海の業績は認めたものの、かれの処遇に困惑して、すぐに入京させることはためらった。しかし、鎮護国家仏教に密教的要素をとり入れることは時代の要請でもあり、そのためには空海は不可欠の存在だったので、朝廷もついにかれの入京を許した。

入京後の空海は嵯峨天皇に重用され、会得した密教の知識を存分に発揮して仏教界に新風を吹き込んだ。以降、日本の密教は黄金時代を迎えることになる。

空海は鎮護国家の祈祷などを行なって急速に名声を高め、高雄山寺《たかおさんじ》を密教の根本道場にした。さらに弘仁七年（八一六）には朝廷から高野山を賜り、同一〇年にはこの地を根本道場に定めて伽藍の建立に着手した。また弘仁一四年には、平安京の入り口にあたる東寺を賜り、高野山と東寺は二大拠点となる。空海は公式の法会などにも真言密教をたくみにとり入れ、当時の日本の仏教を真言密教化した。そしてかれの理想でもあった密教的鎮護国家仏教を実現したのである。

当時、インドではすでに仏教は衰退していたが、密教の正統は中国を経由して日本に渡り、空海によって大成されたということができる。

社会事業と教育

さて、空海の最大の業績は密教的鎮護国家仏教を実現したことであるが、それと同時にかれが力を入れたのが社会事業と教育である。かれは、国家の根幹は食料の安定的な供給によって支えられ、国家が安定してはじめて鎮護国家の仏教も実現されると考えた。

そこで空海は、四国の万濃池《まんのういけ》などをはじめとして多くのため池をつくるなど灌漑《かんがい》事業などにも力をそそぎ、農業施設の充実をはかった。その一方で雨ごいの儀式にも関心を寄せ、朝廷の催す祈雨の祈祷なども行ない、さらにその名声を高めた。

また空海は、仏教者の教育もさることながら一般人の教育にも関心を示した。天長五年（八二八）には綜芸種智院《しゅげいしゅちいん》を建立し、仏教のみならず文学や芸術などを広く学ばせて日本文化の向上に大きな功績を残した。

このように空海は、仏教のみならず多くの分野で幅広く活躍して多大な功績を残した。そして承和二年（八三五）、なすべきことをすべてなし終えて亡くなった（信仰上は、今も高野山で入定留身《にゅうじょうるしん》しているとされる）。最澄が最大の懸案だった大乗戒壇設立を残してこの世を去ったのとはまさに対照的であった。

――37 末法思想――

仏教滅亡の衝撃

仏滅後に正法・像法・末法あり

仏教では古くから、釈迦が亡くなってからあとの時代を正法《しょうぼう》・像法《ぞうぼう》・末法《まっぽう》の三つに区分した。仏の教え（教《きょう》）と、その教えにもとづいた実践や修行（行《ぎょう》・修行する人）、そしてその結果として得られる悟り（証《しょう》・悟りを得る人）の三つがそろってはじめて仏教は生きた宗教として存在することができる。

仏滅後一〇〇〇年間（一説に五〇〇年）は教・行・証がそろった時代で、これを正法と呼ぶ。一〇〇〇年（または五〇〇年）を経過した次の一〇〇〇年間（または五〇〇年間）になると、教・行は存続しているが、証がなくなってしまう。この時代はいわば正法の模像の時代であるために像法といわれる。

仏滅から二〇〇〇年（または一〇〇〇年）経つと仏の教えだけが存続し、それにもとづいて修行するものも、悟りを得るものもいなくなる。これが末法で、一万年つづく。さらに末法の時期が終わると、すべてが失われる時代が訪れる。これを法滅といい、一般にはこの法滅の時期も含めて末法という。正法や末法ということばはすでに『法華経』などにも見られ、中国、日本にも伝えられてさまざまな影響を及ぼした。

中国、日本における末法思想の展開

中国では北斉の慧思《えし》（五一五年～五七七年）が、『南岳《なんがく》思禅師立誓願文』という著作の中ではじめて末法の語を使った。みずから末法八二年目の生まれと称し、仏典を写経して釈迦の教えを弥勒の世に伝えることを誓っている。

次に隋代には信行《しんぎょう》（五四〇年～五九四年）が、末法の世には、ひとつの教えにかたよることなく全仏教を修行すべきであると説き、末法を第三階《がい》と称して三階教を創始した。

さらに唐代には道綽《どうしゃく》、善導が出て、末法思想にふさわしい教えは浄土教のみであると説いた。

日本には早い時期に末法思想が伝わり、浸透していった。最澄の作とされる『末法燈明記』という書物は、「末法到来のため修行者（僧尼）の資質は著しく低下している。しかし、この悪世では、まともな尺度ではかれないので、いたずらにそのような修行者を軽蔑するべきではない。たとえ戒律を守らなくても僧尼を尊重して、行をするもののあとが絶えないようにすべきである」と説いている。本書は平安末期につくられた偽作であるが、日蓮や法然など鎌倉新仏教の祖師たちは、一様に本書を引用して末法思想を喧伝し、この時代に即した教えを説いた。

さらに平安末期には仏滅を九四九年と定め、それから二〇〇〇年後の永承七年（一〇五二）に末法がはじまるとされた。そしてちょうどこの年、長谷寺が焼失し、混乱がつづいていた社会情勢にますます拍車をかけ、末法の到来は真実味をおびてきた。そして平安末期から鎌倉時代にかけて末法思想にもとづいたさまざまな思想があらわれた。

鎌倉新仏教の根底に末法思想があった

まず『往生要集《おうじょうようしゅう》』の著者として名高い源信は、末法の到来におびえる人心をしずめるために浄土思想を普及し、鎌倉新仏教の地盤を確立した。源空（法然）は末法思想にもとづいて浄土思想をさらに推し進め、浄土宗を創始した。また、日蓮は末法の世には『法華経』の題目《だいもく》（南無妙法蓮華経）をひたすらとなえることが、唯一の救い（解脱）の道であると説き、日蓮宗（厳密には法華宗。「日蓮宗は」明治以降にできた宗名）を興した。

このほかにも鎌倉時代には、道元や一遍、親鸞など傑出した人材が世に出て一宗を確立した。かれらを輩出した時代の根底には、末法思想が深く根ざしていた。末法思想はいたずらに人心を動揺させて人びとを絶望の淵に追いやったのではなかった。それは人びとに深い反省を促し、暗黒の時代に対処する究極の智慧を生み出す原動力となったといえよう。

―38 源信―

なまなましい地獄の描写と念仏往生

出生と出家――横川に籠る

源信は九四二年、大和の国葛城郡に生まれた。父は占部《うらべ》正親、母は清原氏であった。幼くして父を亡くし、一説に七歳で比叡山にのぼり、一二歳で良源を師として出家したといわれている。母は信仰心あつく、とりわけ浄土教を信奉していたという。源信の出家の動機については定かではないが、かれの三人の姉妹も出家しており、母のすすめで出家したことは容易に想像できる。そして源信の人格や思想形成にはこの母の影響が大きかった。

若くして才能を発揮した源信は、当時の教義論争においてことごとく論敵を破り、学才の誉れが高かったという。そのため師の良源から「一念三千《いちねんさんぜん》」という天台の奥義を授けられた。しかし、源信は母の教えにより栄名を嫌って横川《よかわ》の恵心《えしん》院に籠った。横川に住んだことから『源氏物語』に登場する「横川僧都《そうず》」のモデルといわれている。

源信は天台宗での栄達よりも浄業《じょうごう》(業の浄化)と仏教の研究、そして著作に専念することを望んだようである。しかし、かれの学徳は看過されることなく、多くの道俗がかれを慕って集まった。藤原家の黄金時代を築いた藤原道長や、『日本往生極楽記』の著者慶滋保胤《よししげのやすたね》らとも親交が深かったといわれている。ほかにも源信は老若男女、貴賤を問わずあらゆる階層の人びとと結縁をもっている。そして天皇の御幸《ぎょうこう》にも加わり、大法会の導師に挙げられ、さらには権少僧都《ごんしょうそうず》に任ぜられている。名利を嫌った源信の望みとは裏腹に、学僧としてかずかずの栄誉を賜り、華々しい活躍をしたのである。

このような源信の希有の学徳を慕う弟子もはなはだ多かった。のちに良源門下の天台宗は、源信を祖とする恵心流と、比叡山東塔檀那《だんな》院に住した覚運を祖とする檀那流の二派に分かれることになる。檀那流が叡山を中心に発展したのに対し、恵心流は関東にも分派して発展した。このため信長の比叡山焼討ちの難を逃れて近世にも栄えた。

多数の著作を残す

源信はまた著作にも励み、生涯に七〇余部、一五〇巻といわれる多くの書物を書き残した。さらに仏教美術にもすぐれた才能を発揮し、かれの作とされるものも少なくない。

かれの著作中もっとも重要なのは、『一乗要決《いちじょうようけつ》』と『往生要集《おうじょうようしゅう》』である。前者は最澄と法相宗の徳一《とくいつ》との間で展開された権実《ごんじつ》論争に終止符を打った名著であり、後者は後世の浄土教思想に多大な影響を与えた最重要の書である。

以上のように源信は多方面で活躍しながら学僧としての本分をつくし、かずかずのすぐれた著作を残した。その執筆意欲は終生衰えることなく、臨終の間際まで著作に打ち込んだと伝えられている。

寛仁元年（一〇一七）六月一〇日、源信は七六年の生涯を閉じた。『続本朝往生伝』は臨終のようすを次のように記している。

十日の早朝、いつものように食事もとり、身を清め、仏の手から出ている糸を手にとり、円浄涅槃の文を前日と変わらずに誦した。その後、北に頭を向けて右脇を下にして、眠るがごとくにして息が絶えた。糸をもって念珠をつまぐっている姿は、まる生きているときのようであった。（中公バックス　日本の名著4『源信』責任編集川崎庸之より）

浄土信仰の原点「往生要集」

『往生要集』は、日本の浄土教思想の嚆矢《こうし》とされ、その後の浄土信仰に多大な影響を与えた。本書は約一六〇の経典から往生に関する要文を抜粋し、問答体で念仏往生の重要性を説いたものである。一〇章からなる本書の概要は以下のとおりである。

第一章は「厭離穢土《おんりえど》」の章で、源信はこの世が避けがたい無常にもとづいた苦に満ちた穢土であり、そこから厭離することが肝要であると説く。
しかし、凡夫は厭離穢土の観念を起こし、発心して修行しても、この娑婆世界で悟りに至ることは非常に困難である。極楽浄土の衆生だけが悟りを得ることができるのであり、ひたすら極楽に往生することを願うことが唯一救われる道であると説く。これが第二章「欣求《ごんぐ》浄土」の内容である。

さらに第三章「極楽証拠」ではほかにも多くの浄土がある中でなぜ極楽においてのみ往生することができるのかということを説く。

第四章「正修《しょうじゅ》念仏」は、極楽往生するためにはどのように念仏すればよいかを説く。源信は「一遍にても多遍にても、一行も多行も、ただまさに至誠なるべし」といい、なによりも大切なのは誠心をもって阿弥陀仏を礼拝することだということを強調する。また初心の人は仏の色相《しきそう》を念想すべきであり、とりわけ眉間にある白毫《びゃくごう》を観相せよと説く。

第五章は「助念の方法」を述べる。「一目の羅（鳥網）は、もって鳥を得ること能はず」という、天台宗学僧にとって意味深長なことばで始まる。すなわちひとつの方法のみでは必ずしも念仏往生が確定しないことを明らかにして、念仏往生を成就するための七つの助念方法を記しているのである。

第六章「別時念仏」は、本書の実践編に当たる。ここでは特定の日時をかぎって行なう念仏と、臨終に行なう念仏と、その実践方法が説かれる。とりわけ臨終に際しての念仏に関しては、源信自身の心得のために書いたといわれ、張りのある美文で綴《つづ》られ本書の中でも特異な輝きを放っている。

第七章「念仏の利益《りやく》」は七門に分けて説かれているが、その第五門で「行者をして、その心を決定せしめんがための故に、別してこれを明かすなり」といっている。すなわち念仏のさまざまな利益を明示することによって、人びとに念仏往生を確信させようというのがこの章の意図するところである。

第八章「念仏の証拠」は、さまざまな善行に利益があり、往生の可能性があるのになぜ念仏だけをすすめるのかという問いに答える。源信は「男女貴賤、行住坐臥を簡ばず……これを修するに難からず」といい、念仏は誰でも、いつでも、どこでもできる易行道であり、往生を願うものにとってもっともすぐれた道であることを説く。

ただ源信は、念仏以外の行を否定することはなく、次の第九章「往生の諸行」では往生のためのさまざまな行を説き、どの行を選ぶかはおのおのに任せるといっている。

第一〇章「問答料簡」は、極楽の衣正・往生の階位・往生の多少・尋常の念相・臨終の念相・麁心《そくしん》の妙果《みょうか》・諸行の勝劣・信毀《しんき》の因縁・助道の資縁・助道の人法の十説からなり、極楽や往生に関するさまざまな問いに答えている。

源信のいわんとするところは、まぬかれがたい無常の世を厭離することが至上命令であり、そのためには念仏が万民に開かれた道である、ということだった。念仏を往生のための最勝の手段とする考え方は源信にはじまったものではない。すでに「市《いち》の聖《ひじり》」として名高い空也《くうや》は念仏の実践とその普及に砕身した。しかし、多くの経典の例証をもとに、体系的に念仏の功徳や実践方法を説いたのは源信がはじめてであった。

また『往生要集』にはなまなましい地獄の情景の詳細な描写がある。これが当時の人びとに強烈な印象と衝撃を与え、厭離穢土の観念を強めた。そして源信によって明らかにされた情景は、地獄極楽図などの浄土教美術を発展させることにもなるのである。

源信在世当時、すでに『往生要集』は多くの人に読まれ、さまざまな文芸作品にも引用されている。さらに本書は宋にも送られ、日本小釈迦源信如来と激賞された。

このように、『往生要集』に集約された源信の思想は、国内外で多大な評価を受け、法然や親鸞に絶大な影響を与え、浄土宗開宗の原動力となったのである。

39　法然

万人救済の道、専修念仏

父の遺言により出家

長承二年（一一三三）四月七日、法然は美作国《みまさかのくに》（現在の岡山県）久米南条稲岡の庄に生まれた。父は久米の押領使《おうりょうし》で漆間時国《うるまときくに》、母は渡来人系の秦《はた》氏の出身であった。

漆間氏は土地の豪族であり、押領使という役職は土地の警察権を掌握していた。法然は土地の権力者の子として生をうけたことになる。しかし、父の時国と荘園の現地預所の明石定明との間に、おそらく土地管理をめぐる問題で対立が生じていた。

対立は日増しに強まり、保延七年（一一四一）、法然が九歳のとき、定明はついに武力に訴えて漆間氏の館を襲った。時国はこのときの傷がもとでまもなく死去する。臨終に際して時国は法然に次のような遺言を残す。「敵をうらんで仇討ちを企てれば、末代まで遺恨を残す。それよりも早く出家して父の菩提を弔い、みずから解脱を求めるべきだ」。

この遺言に従って法然は、母方の叔父の観覚によって剃髪《ていはつ》出家した。叔父の観覚は漆間家の菩提寺の住職でもあり、法然はここに引き取られて修行することになる。

久安三年（一一四七）には、さらに本格的に仏教を学び修行するために比叡山にのぼった。ここでかれは源光の門にはいり、皇円《こうえん》に師事し、天台の典籍を学んで大乗の戒律を授けられた。しかし、比叡山での修行や天台教学のあり方などに対して、しだいに疑問を深めていった。

黒谷隠棲と浄土宗開宗

久安六年（一一五〇）にはついに皇円のもとを辞して、黒谷《くろだに》に叡空《えいくう》の門をたたいた。比叡山西塔に位置する黒谷には当時、隠棲して念仏修行などをするものが多かった。叡空もここで念仏修行のかたわら源信の『往生要集』を講じていた。叡空は法然に法然房源空という名を与えた。

隠棲とは名利を嫌った僧侶がひたすら念仏などに明け暮れるもので、隠遁生活を意味する。法然が隠棲を志したことは日本仏教の主流から離れたことを意味するが、同時に自由な立場で仏道を求める道を選んだことにもなる。また、この黒谷隠棲によって浄土教思想に親しく接することもできたであろう。

二〇年の間、法然は当時のあらゆる仏教思想を学んだ。しかし、かれの求める仏法に出会うことはできなかった。かれは比叡山を下り、多くの碩学を訪ねてみずから求める教えを探したが、満足のいく結果は得られなかった。悶々としながら再び黒谷に帰山した法然は、大蔵経を読みふける。膨大な大蔵経を五度読み通したという。八方手を尽くしてもさがし当てることのできなかったものを、最後に大蔵経の中に見いだそうとしたのかもしれない。

承安五年（一一七五）、法然はついにさがし求めていたものと決定的な出会いをした。法然が求めていたものは、中国浄土教の祖、善導の『観経疏《かんぎょうしょ》』の一節にあった。

そこには「一心に阿弥陀仏の名を念じ、行住坐臥、常に時間の長短を問わず念じて捨てることがなければ、阿弥陀仏の誓いにかなって救われる」と、説かれていた。

ここに法然の心眼は開かれ、念仏往生を確信したという。比叡山にのぼってから三〇年になろうというときである。この承安五年を浄土宗開宗の年とする。

浄土宗の発展

念仏往生を確信した法然は京都の東山吉水《よしみず》に居を構えた。吉水には念仏を慕うものがしだいに集まり、法然の名は高まって、既成の宗派からも注目されるようになった。

文治二年（一一八六）には、のちの天台座主《てんだいざす》顕真《けいしん》が法然を自房の大原勝林院《しょうりんいん》に招き、専修《せんじゅ》念仏の教義に関する議論を行なった。これを「大原談義」と称し、この席で法然は居並ぶ諸宗の高僧たちを前に念仏の意義、功徳などを述べ、満座を感動させたと伝えられている。

また建久元年（一一九〇）には、俊乗房重源《ちょうげん》の請いにしたがって奈良東大寺におもむいた。ここで、法然は南都（奈良）の高僧を前に「浄土三部経」の講義を行なったのである。

さらにのちの関白九条兼実や後白河法皇の帰依を受け、戒を授けた。建久九年（一一九八）、九条兼実の請いにより、法然は『選択本願念仏集《せんちゃくほんがんねんぶつしゅう》』を著して浄土宗の奥義を明らかにした。かれらは法然の帰依者であるとともに強力な外護者ともなった。そしてかれらの帰依は法然の念仏が社会的、宗教的地位を与えられたことを示すものでもあった。

旧仏教からの攻撃

このようにして浄土宗の基盤は固まり、急速に発展していった。しかし、そのことが南都（奈良）・北嶺（比叡山）の旧仏教の反感とねたみを買うことにもなった。念仏を信仰したものの中に戒を破り、他宗を批判するものがあったのを契機に、旧来の諸宗はこぞって浄土宗を攻撃して念仏の停止を叫んだ。これに対抗して法然は、元久元年（一二〇四）に「七箇条起請文」をつくり、一八九人の弟子との連署で天台座主に提出した。しかし、翌年には南都七大寺から「興福寺奏上」が出され、念仏停止《ちょうじ》がさらに声高に叫ばれた。

そんな折しも建永元年（一二〇六）に、後鳥羽上皇が熊野参詣の留守中に、女官の中から法然の弟子に帰依して出家するものがでた。翌年、この罪を問われて、帰依を受けた弟子は処刑され、法然以下数名が連座して流罪となった。このとき親鸞も佐渡に流された。法然は還俗《げんぞく》させられて藤井元彦の名を与えられ、土佐に流されることになった。しかし、九条兼実の計らいにより流罪の地は讃岐に移され、この年の末には免罪になった。以後四年間は摂津（大阪府）の勝尾寺《かちおじ》に仮住まいをして、道俗を教化した。

建暦元年（一二一一）に京都に帰った法然は、病いの床につく。翌年の正月二三日、弟子の源智に『一枚起請文《いちまいきしょうもん》』を書き与え、二五日には東山大谷の禅房で八〇歳の生涯を閉じた。

戒律を厳守し、日に六万遍の念仏をとなえるという修行に明け暮れた、万人が念仏のみによって救われるという専修念仏の思想とはあまりにも対照的な生涯だったということができる。

法然の思想――専修念仏

三〇年の間法然がさがし求めていたものは何だったのだろうか。それは末法の世に万人が救われる教えだった。日本では永承七年（一〇五二）が末法のはじまりとされていた。法然が生きた時代は源信の『往生要集』なども著されて、まさに末法思想が深く人びとの心をとらえていた時代だった。そしてこの時代にふさわしい教えこそ念仏往生だったのである。

法然の主張した念仏は万人のための、誰でも容易に実行することのできるものだった。往生のためには難行、苦行も戒律も布施などの善行も必要ないといい切った。

また『阿弥陀経』などを読誦したり、一種の瞑想によって阿弥陀仏の姿を観想し、礼拝したり、供養したりする必要もない。ただ一心に阿弥陀仏の名をとなえることだけが浄土往生の手段であるとした。これを専修念仏といい、法然によってはじめて説かれたものだった。

これはまさに万人救済の道であり、無知文盲の輩《やから》でも容易に実践することのできるものである。しかも知識、学識のすぐれたものでも「一文不知《いちもんふじ》の尼入道《あまにゅうどう》」にたちかえって念仏すべきことを『一枚起請文』に述べている。翻《ひるがえ》せば救いがたい愚かなものを対象とした教えであった。

ただ、念仏で救われるためには、阿弥陀仏の救済に対する不動の確信と、阿弥陀仏に対する深い信仰がなければならない。往生は最期の一心にかかっていると説くのである。そしてこのような確信と信仰に満ちた敬虔な心で阿弥陀仏の名をとなえるならば、極悪非道の人間であっても必ず極楽往生することができると説くのである。法然の専修念仏の思想は善導らに代表される中国の浄土教を敷衍《ふえん》して、それをまったく無制限に万人に開放したものである。いい換えれば阿弥陀仏への信仰をより強固なものにしたということができる。

法然の念仏往生の思想は、末法の影におびえる当時の人びとに無量の光明を与え、人びとの心をとらえてたちまちのうちに広がっていった。しかし、専修念仏の思想は仏道修行を極限まで簡素化した易行道《いぎょうどう》であったため、さまざまな異解を生じ、ともすれば破戒の原因ともなった。それがまた旧仏教の攻撃の的にもなり、法然亡きあともたびたび迫害を受ける要因にもなったということもできる。

40　親鸞

――絶対他力への思想深化

親鸞の前半生――法然に入門

　浄土真宗の開祖、親鸞は承安三年(一一七三)、京都に日野有範《ありのり》の子として生まれた。九歳のとき、比叡山でのちの天台座主慈円を師として出家得度し、以降、二〇年の間比叡山で諸宗の教義を学んだ。

　しかし、得るところがなかった親鸞は、二九歳のときに山を下り、京都の六角堂に参籠して本尊の救世観音に百ヵ日の願をかけた。九五日目の暁、夢に聖徳太子があらわれ、これが縁で法然と出会う。

　以降一〇〇日間、親鸞は東山吉水の法然の庵に通いつめて教えを請うた。このとき法然はすでに『選択本願念仏集』を著して浄土宗の教義を確立していた。法然の教えとは、悟りのためには功徳の薄いほかの修行を捨てて、念仏に専念せよという専修念仏だった。親鸞はこの教えに触れて共感し、専修念仏の道を選んだのである。

法然に入門して四年後、親鸞は『選択本願念仏集』の書写を許された。当時、本書はまだ秘書としてごくかぎられた人にしか他見は許されていなかった。親鸞が本書の書写を許されたということは、この四年の間にかれが異彩を放ち、頭角をあらわしていたことを意味する。

同時にかれは綽空《しゃっくう》という名を与えられた。これは中国浄土教の祖道綽とみずからの名である源空から一文字ずつをとった名前である。このとき法然は、将来親鸞が日本の浄土教の大成者になることを期待し、あるいは確信していたのかもしれない。

越後流罪と関東布教

承元元年（一二〇七）、先にも述べたように、後鳥羽上皇の女官の出家事件に絡んだ事件が起こった。いわゆる承元の法難《ほうなん》である。法然の弟子ふたりは死罪、法然以下数名のものは流罪になり、法然は土佐（実際には讃岐）に、親鸞は越後にそれぞれ流された。当時は一旦還俗させてから流罪にすることになっていた。親鸞も承元の法難を機に還俗させられるが、これがかれに非僧非俗《ひそうひぞく》の立場をとらせる原因にもなった。

親鸞はすでに京都在住時代に結婚して長男の善鸞《ぜんらん》がいたが、流罪の地越後でも新たに恵信尼《えしんに》と結婚する。建暦元年（一二一一）、赦免になった。翌年には師の法然が亡くなるが、親鸞は師に会うことはなかったようである。

建保二年（一二一四）、親鸞は家族を連れて常陸（茨城県）に移り住んだ。以降、約二〇年の間、かれの消息ははっきりしない。しかし、稲田を中心に精力的な布教活動を行なったことは確からしい。

親鸞の弟子を列挙した『門侶交名牒《もんりょきょうみょうちょう》』によれば有力な弟子四三名のうちの大半は関東出身であり、親鸞が常陸在住時代に熱心に伝道に励んでいたことをしのばせる。またこの時期に主著『教行信証《きょうぎょうしんしょう》』を書き始めたと見られている。

著作にいそしんだ京都時代

寛喜三年（一二三一）ごろ、六〇歳を過ぎた親鸞は京都に帰った。帰洛の理由は定かでないが、京都では布教活動よりも著作に専念する。承元《じょうげん》の法難、たびかさなる念仏弾圧などの体験を通して、今一度法然直伝の念仏の真義を見直し、それを著述に託して後世に伝えようと決意したのかもしれない。

そのためか長年連れ添った恵信尼とも別れている。関東の門弟からの仕送りによって生計をたて、縁故をたよって気ままな生活をしていた。物質的には決して豊かでないにしろ、雑務に悩まされることもなく、自由な環境の中で著作に専念できたものと思われる。

親鸞は九〇歳で亡くなるまで約三〇年の間京都で暮らす。親鸞は静寂に包まれ、充実した生活を送ることができたのではないだろうか。この間に『教行信証《きょうぎょうしんしょう》』も書き上げたほか、『愚禿鈔《ぐとくしょう》』『末燈鈔《まっとうしょう》』『浄土和讃《わさん》』『高僧和讃』など、実に多くの著作を著した。

ただ、そんな晩年の親鸞を悩ませた事件がある。それは実子の善鸞《ぜんらん》による異解事件である。他力本願の念仏は、解釈によっては邪説ともなる危険をはらんでいた。このため親鸞は、異説が生じないように布教には細心の注意を払っていた。しかし、父の帰洛後、関東の門弟のリーダー的役割を果たしていた善鸞は、父から秘かに伝えられたと称して異説をとなえた。この善鸞の教えに弟子たちは動揺し、門弟たちの間に混乱が生じた。それを収拾するため、やむなく親鸞は善鸞を義絶する。ときに親鸞八四歳。最晩年に暗い影を落とす出来事だった。

弘長二年(一二六二)十月二八日、親鸞は九〇年の生涯を閉じた。弟子や子どもたちに囲まれて念仏をとなえながら静かに息を引き取ったという。

親鸞は生前、死んだあとのことについて「閉眼せば加茂川にいれてうおにあたうべし」といっていたという。しかし、その遺骸は弟子たちによって丁重に葬られ、のちに吉水に移されて大谷廟堂となった。この廟堂が本願寺の前身である。

親鸞の思想——絶対他力の意味

親鸞の思想は遠大で多彩な内容を含んでおり、一言に述べることは困難である。しかし、あえてその特徴を一口でいえば「絶対《ぜったい》他力《たりき》」の思想ということができるであろう。

親鸞は念仏や信心を、阿弥陀如来からわれわれに振り向けられた本願他力のものであると受け止めた。法然は、念仏をとなえようとする信心の心は念仏者が自発的に起こさなければならないという。この点で法然の他力思想には自力の部分が残されている。

これに対して親鸞は、念仏者の信心も阿弥陀仏が凡夫を救うために与えてくれたものであり、何ら自発的な意志力を要することなく念仏者におのずから備わっていると考えるのである。ここに親鸞の浄土教思想の真骨頂が発揮される。

親鸞像

親鸞がみずからを愚禿と称するように、人間は救いようのない愚かな存在である。いかなる自力によっても迷いから救われることはない。これに対して仏は絶対の真理であり、真実そのものである。だから人は自己を完全に捨てて、すべての衆生を救おうとの阿弥陀仏の本願を確信して身をまかせたとき、往生が確定するのである。

これが親鸞の絶対他力の思想である。そしてこのような考えから「善人なおもて往生をとぐ。いわんや悪人をや」という悪人《あくにん》正《しょう》機《き》説《せつ》が展開されるのである。すなわち阿弥陀仏の本願はどうにも救いようのない極悪中の極悪人を救済の対象にしている。そのようないわば根本悪を根絶することができてはじめて、弥陀の本願の完全性が証明されるのである。

親鸞は、実生活では戒律を守らず、肉食妻帯《にくじきさいたい》して在家主義を押し通した。しかしその信仰は、どんなに厳格に戒律を守り、修行をするものより厳しく純粋なものだった。その信仰の純粋さは非僧非俗《ひそうひぞく》の立場に立って現実を直視することから生まれた。つまり僧にも俗にもかたよらない客観的な立場から徹底的に自己反省をくり返すことによって親鸞の信仰は形成されたと見ることができる。

親鸞には一宗を開こうという気持ちもなく、また宗教者という意識も希薄であったかもしれない。親鸞の思想は宗教のカテゴリーでは割り切れないスケールの大きいものだった。従来の浄土思想にはない斬新な思想を展開した。親鸞の思想は浄土思想のひとつの頂点をきわめたといっても過言ではない。

そしてこのような卓越した思想を生み出す原動力になったのが非僧非俗の立場である。この立場に立って親鸞は、人間存在をある種冷徹な目で見つめつづけ、その思想を極限にまで深化させたのである。

―41 道元―

只管打坐により身心脱落の境地へ

幼くして両親を失う

道元は正治二年（一二〇〇）、京都に生まれた。父は内大臣久我通親《くがみちちか》、母は太政大臣藤原基房《もとふさ》の娘。申し分のない家柄に生まれた道元であったが、三歳のときに父を、八歳のときには母を亡くした。幼くして両親を失った道元の心は大いに揺れ動き、世の無常を感じたことは想像にかたくない。ここに道元が仏道にはいる機縁を容易に見いだすことができる。

一三歳のとき、かれはついに出家を決意して比叡山にのぼった。一四歳で戒を受け、以降熱心に仏道修行に励むことになる。しかし、比叡山での修行生活に疑問を抱くようになった。そのころ比叡山では、一切衆生は本来成仏していると考える天台本覚《ほんがく》思想が盛んだった。この思想に触れた道元は、一切衆生がすでに成仏しているのなら、三世の諸仏はいったい何のために悟りを求めて発心し修行するのかという疑問を抱いたのである。

かれはこの疑問を解決すべく諸方の師を訪ねたが、満足のいく解答は得られなかった。そこで二年余りして山を下りることになったのである。

栄西との出会い

比叡山を下りた道元は、当時碩学《せきがく》の聞こえ高かった園城寺《おんじょうじ》（三井寺《みいでら》）の公胤《こういん》僧正の門をたたき、解答を求めた。公胤僧正は道元が宗教的迷路に陥っていることを見抜き、従来の顕教や密教の教えでは解決することができないと見たのだろう。

みずからは解答を与えることなく、そのころ禅宗を伝えて帰国したばかりの栄西《えいさい》を紹介したのである。公胤僧正は理論を超越した禅によってのみ道元の疑問は解決できると判断したようである。

公胤僧正の助言により道元はさっそく栄西の門をたたき、参禅修行することになった。しかし、そのころの栄西は、みずから招来した禅の布教のために文字どおり東奔西走していた。このため多忙をきわめる栄西に代わって弟子の明全《みょうぜん》が道元の指導に当たった。そして道元が一八歳のとき、栄西が没するとひきつづき明全のもとで参禅修行に励むことになるのである。

宋の地で得た「身心脱落」の境地

二四歳のとき、道元は明全に従って宋《そう》（中国）に渡った。すでに明全のもとで禅の修行を着々と進めてきた道元であったが、宋では多くの師に出会って指導を仰いだ。

中でも天童山如浄《にょじょう》はかれにもっとも強い感化を与えた。如浄のもとでついに「身心脱落《しんじんだつらく》」の大悟を得た。道元二六歳のときだった。「身心脱落」とは、瞑想が深まり非常に高い次元に到達したときに得られる一種の悟りの境地である。身も心もなくなったような軽やかな状態であるという。

さらに道元に強い感化を与えたもう一人の人物がいる。それは道元がたまたま出会った老典座《てんぞ》である。典座とは禅寺の料理長で、僧侶たちの食をつかさどることから重視されて高潔な僧が選ばれる。

道元は炎天下で無心に椎茸干しの作業をしている老典座に遭遇した。道元が典座に、老齢の身をおして作業をしなくとも誰か若いものに代わってもらっては、といった。これに対して典座は、自分が出会うものはすべて命の働き場所である、と応える。

さらに道元がそれならば炎天下に働かなくとも、少し休んでからにしたらいかがかと勧める。老典座はこのときを逃したらいつ作業をしたらよいのか、と答えて黙々と作業をつづけたというのである。

このときのようすは『典座《てんぞ》教訓《きょうくん》』という書物にくわしく述べられている。道元は老典座から、この世で生きることの意義を教えられた。それはどんなにささいなことでも全身全霊を傾けるということだった。このことは、只管打坐《しかんたざ》（ひたすら坐禅する）を主張する道元禅の実践と思想に大きな影響を与えたといえる。

禅の普及に努める

在宋五年ののち、二八歳のときに道元は多くを学んで帰国した。そして京都を中心に布教と著作に専念する。

帰国後数年の間にかれはつぎつぎと著作を著したが、三一歳のときに著した『弁道話《べんどうわ》』は、道元禅の理念と実践の基盤を確立した書である。この中で道元は、参禅の目的は「身心脱落」にあり、そのためにはただひたすら坐る「只管打坐」の修行によらなければならないことを宣言したのである。

道元は活発な布教活動を行なって禅の普及に努めた。しかし、この時期新来の禅思想は、比叡山を中心とする旧来の日本仏教にはいまだ受け入れられなかった。このため比叡山の忌憚《きたん》に触れ、寛元元年（一二四三）には寺を追われることになったのである。

京を追われ、永平寺創建へ

京都を追われた道元は、波多野氏の招請により越前に移った。ときに道元四三歳。翌年、越前に大仏寺を建立し、これがのちに永平寺となる。越前での道元は「身心脱落」を目指す「只管打坐」に打ち込み、多くの後進を指導するとともに著作にも励んだ。日本の仏教哲学の最高峰とされる『正法眼蔵《しょうぼうげんぞう》』九五巻をはじめ多くの書がこの時期に著された。

このような道元の活躍は中央にも知られるようになった。道元四八歳のとき、執権《しっけん》北条時頼はかれを鎌倉に招いて、みずから菩薩戒を授かり、多くの道俗が道元に仏法を伝えられた。また時頼はかれに鎌倉に一寺を建立するように勧めたが、これを固辞した。

さらに後嵯峨上皇も道元の学徳を慕って、永平寺に勅使を遣わして紫衣《しえ》を賜った。しかし、権勢に近づくことを嫌った道元はこれを三度まで辞退し、最後には受け取ったが終生この紫衣を着けることはなかったという。

道元像

厳しい修行と膨大な著作、そして布教に打ち込んだ道元の日々はあまりにも苛酷であり、五三歳の夏ごろから健康の衰えが見えはじめた。

道元を越前に招いた波多野義重は厳しい越前の気候を避けて京都に転地療養することを再三勧めた。道元はこの勧めになかなか応じなかったが、建長五年（一二五三）、ついに聞き入れて山を下りた。下山後の永平寺の運営を弟子の徹通義介《てっつうぎかい》にまかせた道元は、京都で静かな療養生活を送ったようである。

怒涛のように走りつづけたかれの人生にあって、やっと訪れた静寂のときだったに違いない。しかし、その年の八月、道元は五四年の生涯を閉じたのである。あまりにも充実した長い人生だった。

道元の思想――修行と悟りは同じもの

禅宗は仏祖（釈迦）の正伝、すなわち釈迦の教えを以心伝心によってそのまま伝えたものという。道元ももちろんこの仏祖の正伝を絶やさないよう、一人でも多くの弟子に伝えることに力をそそいだ。

道元の仏道の目的は只管打坐によって身心脱落を得ることである。しかし、只管打坐は身心脱落への手段ではない。道元にとって修行（修）と悟り（証）は同一のものなのであり、このことを「修証《しゅしょう》の一等」といっている。かつて道元は、比叡山で本来悟りを得ている三世の諸仏がなぜ悟りを求めて修行するかという疑問にぶつかった。この疑問は「修証の一等」ということで解決された。

つまり修行は悟りを得た上にも行なわれ、三世の諸仏は悟りを得た上でさらに修行をするのである。

この考え方は道元の思想と実践の根幹をなすものであり、かれはみずから仏の立場で修行すべきであるといっている。只管打坐はそのまま悟りの世界のあらわれなのであり、悟りの世界はまた修行そのものの中に実現されるという。これはまた現実を肯定する生死即涅槃《しょうじそくねはん》、煩悩即菩提《ぼんのうそくぼだい》という概念とも一致する。

このことから道元はまた「行持道還《ぎょうじどうかん》」いうことを主張している。すなわち仏道にはいろうと発心《ほっしん》し、菩提（悟り）を得るために修行し、悟りを開いて（涅槃）も、そこが究極の世界ではない。涅槃からさらに高い境地を求めて修行がある。そしてこの発心、修行、菩提、涅槃という循環はさらに次元の高い境地を求めて永遠にくり返されるというのである。

道元は非常に高遠な哲学を展開した。『正法眼蔵《しょうほうげんぞう》』は日本人の手による最高の哲学書と評価され、近代の欧米の哲学者にも注目された。しかし、道元の禅の思想はあまりにも格調の高いものだったため、一般には理解しがたいものになったのである。

42 日蓮

――法華経を奉じる理想国家を求めて――

なぜ多くの経典があるのか

日蓮は貞応元年（一二二二）、安房《あわ》（千葉県）小湊《こみなと》に生まれた。みずから「貧窮下賤のものに生まれ」とくり返し述べているとおり、比較的貧しい漁師の子として生をうけたらしい。

一二歳のとき、清澄山《せいちょうざん》にのぼり、道善房に師事し、一六歳で出家して是生房蓮長《ぜしょうぼうれんちょう》の名を与えられた。清澄山は天台系の密教寺院で、師の道善房は念仏の信仰者だった。若き日蓮は清澄山で台密《たいみつ》（天台密教）を学び、浄土教思想にも触れたことと思われる。

清澄山で修行を進めるうちに日蓮はある疑問を深めていった。それは仏教が釈迦の教えであるにもかかわらず、なぜ多くの経典があり、また多くの仏や本尊が乱立しているかということであった。

日蓮はこの疑問を晴らすために、一七歳のころ真の仏法を求めて遊学の旅に出る。まず鎌倉を訪れて念仏と禅を学んだ。つづいて比叡山にのぼり、諸宗の教学を研究した。比叡山滞在中、園《おん》城寺《じょうじ》や高野山、四天王寺などを訪れてさらに研究に打ち込んだ。

「法華経」への信仰

三二歳のとき、ついに『法華経』が仏教の教えの中で最高の真理であることを確信した。日蓮は故郷に帰り、南無妙法蓮華経をとなえ、仏教の信仰は『法華経』に帰一すべきことを宣言した。このとき、名を蓮長から日蓮に改めた。ときに建長五年（一二五三）、この年をもって日蓮宗開宗の年とする。

ところで『法華経』の信仰者、すなわち「法華経の持経者《じきょうしゃ》」はすでに平安時代から存在し、鎌倉時代には地方の武士階級に信仰者が多かったようである。日蓮もこのような「法華経の持経者」に影響されたものであるが、ほかの経典や教義などをいっさい排斥して、より純粋に強力に『法華経』を信仰したところにかれの独創性が見られる。また地方に散在していた武士階級の『法華経』信仰者が、日蓮の出現によって覚醒し、かれの宗教に帰依して有力な外護《げご》者になっていったのである。

鎌倉布教と法難

故郷に帰った日蓮は、末法の世に救われるためには『法華経』による以外にないことを激しい口調で説いて回った。しかし、そのあまりに排他的で激しい口調は人びとの怒りを買った。とりわけ浄土への逃避的思想として念仏を激しく攻撃したために、念仏信者だった地頭の東条景信《かげのぶ》らを激怒させ、故郷を追われる羽目になった。

そこでまず日蓮は、かつての遊学の地である鎌倉での布教を志す。鎌倉に行く途中、下総若宮（現在の市川市）で有力な武士だった富木常忍《ときじょうにん》が日蓮に帰依して信者となった。常忍は日蓮の有力な外護者となり、日蓮の没後出家してその後継者ともなった。

鎌倉に着いた日蓮は、松葉ヶ谷《まつばがやつ》に草庵を結び、日々小町の路傍に立って辻説法をしたと伝えられている。相変わらずの激しい口調は人びとの反感や怒りを買ったが、同調者も多く、信者や弟子もしだいに増えていった。天台宗の僧侶であった日昭、また日蓮の最期を看取った武士の池上宗仲・宗長兄弟、身延での有力なパトロンだった波木井実長《はきいさねなが》など、有力な人物がつぎつぎと信者となった。

時頼に「立正安国論」を提出

このころから天災地変がしきりに起こり、世情の不安を駆り立てた。日蓮はその原因を一切経の中に見いだして『立正安国論《りっしょうあんこくろん》』を著し、前執権の北条時頼に提出した。その中で日蓮は、この末法の世に国家の安泰を願うには、まず『法華経』によって正法を確立しなければならないと説いた。しかし、この進言は受け入れられず、かえって人びとの反感と怒りを買うばかりであった。松葉ヶ谷の草庵は群集に焼き払われ、難を逃れた日蓮は、下総の富木氏のところに身を寄せた。

翌年、再び鎌倉にのぼって辻説法をはじめたが、たちまち捕えられて伊豆に流された。伊豆での約二年間に思索を深め、『教機時国抄《きょうきじこくしょう》』を著し、一種の宗教体系を確立した。

弘長三年（一二六三）、許されて鎌倉にもどり、翌年、病母を見舞うために郷里に帰った。その折、天津の領主工藤吉隆の招きを受けたが、途中の小松原で東条景信の一族に襲撃される。弟子二人と工藤吉隆は殺され、日蓮も額に傷を受けて九死に一生を得た。その後、上総、下総などを経て再び鎌倉にのぼり、伝道に励んだ。

日蓮像

竜ノ口の法難と佐渡流罪

文永五年（一二六八）、蒙古の使者が国書をたずさえて来朝し、『立正安国論』の予言は現実のものとなった。そこで再び幕府に上申し、他宗を激しく批判するとともに故人の時頼などをも批判した。文永八年（一二七一）、日蓮は捕えられ、鎌倉幕府の刑場があった龍ノ口《たつのくち》（江ノ島あたり）で斬首されそうになるが、かろうじてまぬかれて佐渡に流された。この事件により、鎌倉の日蓮の教団は徹底的に弾圧された。

佐渡での日蓮は思索に没頭し、『開目抄《かいもくしょう》』『観心本尊抄《かんじんほんぞんしょう》』などを著した。その中でかれは、衆生の平安と国家の安泰を願って『法華経』を広めようとしたために受けたかずかずの迫害と法難の理由を深く反省し、この末法の世に『法華経』を広めることの困難を痛切に感じたという。しかし、みずからはいかなる迫害や困難にも耐えて『法華経』を広める法華経の行者であり、如来の使者であるとの使命感を抱いていること、末法の世の邪悪なものに対しては、相手を激しく責めたて、打ち砕いて迷いを覚まさせる折伏《しゃくぶく》が必要であることを強調した。

文永一一年（一二七四）、日蓮は許されて再び鎌倉に帰った。ここで日蓮は蒙古襲来が近いことを予言し、『法華経』に帰一してこの国難を乗り切るべきことを再三にわたって幕府に進言した。しかし幕府は取り合わず、日蓮は失意のうちに鎌倉をあとにして身延《みのぶ》に隠退する。

身延に隠棲

身延は、日蓮の信者で領主の波木井実長の領地であった。身延での日蓮はおもに後進の育成と宗風の高揚につとめた。体力、気力の衰えも否めない。それまで理想の実現のために見せてきた攻撃性と積極性は影をひそめた。『法華経』への帰一という理想の実現はむしろ弟子たちに、未来に託された感がある。

日蓮は、領主の波木井実長の手厚い保護もあり、また多くの門弟たちに囲まれて、充実した静かな生活を送ることができたようである。しかし、身延に隠棲してからの日蓮はしだいに体力の衰えを見せはじめた。五七歳ごろからは慢性の下痢に悩まされ、筆を執ることもままならないほど衰弱していたという。

弘安四年（一二八一）、六〇歳のときに二回目の蒙古の来襲があったが、これにほとんど関心を示さなかった。またこの年、波木井実長が身延に伽藍を造営したが、すでに衰弱は相当激しく、波木井氏の勧めもあって翌年九月には山を下りた。そして常陸に湯治に向かう途中、武蔵の国の池上宗仲の館に来たときには力尽きて床についてしまった。一〇月八日、高弟六人を「本弟子」と定め、かれらに後事を託し、一三日には弟子とともに『法華経』を読経しながら最期を遂げた。享年六一歳。波瀾ということばではいいつくせない数奇な人生だった。一〇月二五日、日蓮の遺言により遺骨は身延にもどり、墓所に納められた。

日蓮の思想――「法華経」こそ最高永遠の真理

日蓮は、すべての教義や仏が、最高の真理である『法華経』と永遠の仏である久遠の釈迦仏に統一されるべきことを説いた。

かれにとって『法華経』とは単なる経典ではない。それは万物を生み出し、また万物が帰一する最高永遠の真理そのものである。しかもその真理は現実を救い上げる無限の救済力をもっている。また、久遠の釈迦仏はあらゆる仏、菩薩の根本であり、仏、菩薩は釈迦仏の分身である。そして主・師・親などさまざまな姿をとってわれわれの前に現実にあらわれ、われわれに修行と悟りの果報を授けてくれるのである。

「南無妙法蓮華経」とは、以上のような永遠最高の真理に帰依することであり、この題目をとなえることによってわれわれは容易に真理に合一することができる。すなわちこの題目をとなえることですべての人が救われ、理想を実現することができると説く。

理想の仏国土建設へ

さらにこの理想は単なる個人的な信仰によっては実現されず、社会、国家が一丸となって信仰をもたなければ実現されないことを強調した。このことから日蓮は時の為政者に期待をかけ、国家も民衆も一丸となって理想の仏国土を建設するよう積極的に働きかけた。日蓮にとって国家権力は当然肯定されるべきものであり、理想の実現には不可欠の存在だった。だから攻撃の矛先《ほこさき》は国家にではなくもっぱら他宗に向けられたのである。

しかしながら国家への期待は再三にわたって裏切られた。かれは失意のうちに身延に引き籠った。以降、攻撃の矛先は国家に向けられる。というよりも理想の実現を未来に託した日蓮にとって、『法華経』を中心とする仏法の理想に引き比べ、国家はあまりにもちっぽけな存在にすぎなかったといえる。仏教の真理の前には国家はひれ伏すべきであるといってはばからない。しかし、このことは日蓮がアナーキズムに傾斜したことを意味するものではない。国を愛し、民衆を愛すればこそ仏法の真理がより輝きを増したのである。

日蓮の論調の激しさ、幾多の迫害にも耐え抜いた不屈の精神。これらは万民に対する強い愛情の発露と見ることもできる。そして万民の救済とは、単なる精神の救済ではない。とてつもないユートピアの建設を志したところに日蓮の面目躍如たるところがある。

――43 一遍――

生涯を布教の旅についやした時宗の祖

没落した河野水軍の家に生まれる

延応元年（一二三九）、一遍《いっぺん》は伊予松山に四人兄弟の次男として生まれた。生家は河野《こうの》氏といい、瀬戸内海を中心に活躍した水軍《すいぐん》で、承久《じょうきゅう》の変でも一族の中に殊勲をたてたものがいた。しかし、承久の変の折、一族は朝廷側について敗北の憂き目にさらされた。家督の大半は没収され、一族の多くのものは処罰された。

一遍の父通広《みちひろ》はかろうじて罰を免れたが、出家して如仏《にょぶつ》と名乗り仏道三昧《ざんまい》の晩年を過ごしたという。また末の弟の通定《みちさだ》はのちに出家して聖戒《せいかい》と名乗り、一遍の弟子となった人である。

承久の変ののちに生まれた一遍が物心つくころには没落した一家に沈痛な空気がただよっていた。そしてそれが一遍の生涯に影響を与えたことは想像にかたくない。

出家と還俗

一〇歳のときに母が亡くなり、これが機縁で一遍は出家した。一家の没落と母の死、ふたつの暗い影が、幼い一遍を仏道に向かわせたのかもしれない。

はじめ一遍は天台の教学を学ぶが、しばらくして法然の末弟の聖達《しょうたつ》というものにめぐり会い、これが浄土教に触れるきっかけとなった。かれが最初に触れた浄土教は「極楽往生にはただ念仏あるのみ」という西山派《せいざんは》の教義だった。以降、一遍は浄土教に傾倒し二五歳までの一四年間ひたすら修行と勉学の日々を送った。この時期にかれの宗教的素地ができあがったと見ることができる。

弘長三年（一二六三）、父が亡くなったため、一遍は家督を継ぐために還俗《げんぞく》して故郷に帰った。この間に結婚して家庭をもった一遍は、在族の信者として地方武士の生活を送ることになった。没落武士の複雑な環境に育った一遍にとっては、はじめて味わう平穏な家庭生活だったかもしれない。

しかし、そんな平穏な生活も長くはつづかなかった。親族の中に一遍を亡きものにして家督を横領しようとするものがあらわれたからである。そんな人間のあさましさにつくづく嫌気がさした一遍は再び仏道に志し、長野善光寺に参籠する。そしてこのとき二河白道図《にがびゃくどうず》を感得したという。

二河白道とは中国浄土教の大成者善導が浄土信仰を説くために用いた譬喩《ひゆ》である。煩悩をあらわす水と火の河の中央に道心を象徴する白道がある。此岸《しがん》(こちら側)はわれわれが住む娑婆《しゃば》世界、彼岸《ひがん》（向こう岸）は阿弥陀如来の極楽浄土である。娑婆世界の誘惑に負けることなく猛威を振るう水火の河をおそれることなく、確固たる道心をもって白道を進めば、彼岸の極楽浄土にたどり着くことができるというのである。二河白道図はこの譬喩にもとづいて描かれ、念仏往生の助けとして広く用いられたのである。

善光寺での参籠を終えて帰国した一遍は草庵に二河白道図を掲げ、ひたすら念仏に打ち込む専《せん》修《じゅ》念仏の道にはいった。そしてこのころ万人が極楽往生できるという「十一不二《じゅういちふに》」の偈《げ》をも感得したといわれている。

遊行の旅に出る

一遍は三年間、専修念仏に打ち込んだ。その結果、かれは念仏による極楽往生に対する確固たる信念を得た。この信念に支えられた一遍は家を捨て、妻子を連れて遊行の旅に出る決意を固めたのだった。

一遍一行は四天王寺、高野山をめぐり熊野にはいった。熊野山に参籠して念仏三昧の日々を送るうちに、山伏姿の熊野権現《ごんげん》がかれの前に出現した。

熊野権現いわく。「念仏によってすべての人が成仏するということは、遠い昔に阿弥陀仏によって約束されている。一遍が勧めたからといって往生が決まるのではない。自分の勧めによって往生が決定すると思えば大きな誤りで思いあがりである。往生に導くためには老若男女、貴賤を問わず『南無阿弥陀仏』と書いた札を配ることだ。そのことのみによって往生は決定するのだ」。

この熊野権現のことばに一遍は成道《じょうどう》したといわれ、この時をもって時宗《じしゅう》開宗の年とする。かれは今までの自分の念仏の教化が誤りであったことを悟り「南無阿弥陀仏の六字の名号が、すべてのものに優先して極楽往生するもののための唯一の手段である」ことを改めて悟ったのである。

賦算の旅

賦算《ふさん》とは「南無阿弥陀仏　決定《けつじょう》往生六十万人」と書かれた札を配ることである。この札を手にした一遍は郷里を出て以来連れ添ってきた妻子と離別し、一切のものを投げ捨てて賦算の旅に出た。このとき名前も智真から一遍に改めた。のちに「捨て聖《ひじり》」と呼ばれる一遍はここに誕生したのである。

六十万人というのは一応の目標であって、それを配り終えたときに賦算が完結するのではない。もし配り終わればつぎなる六十万人がいる。賦算は往生を求める人がいるかぎり永遠につづく厳しいものである。

このような果てしもない賦算の旅を決意した一遍は、文字どおり死にもの狂いで会う人すべてに札を手渡しながら旅をつづけた。そして従弟（一説に弟）の聖戒《しょうかい》に札の形木《かたぎ》（札を刷るための版木）

を送った。

これは教線を拡張して一人でも多くの人に札を配って往生を決定しようと考えたためであるが、同時に聖戒に法燈を伝授することをも意味していた。

一遍は京都などをめぐったのち、従弟に念仏の真義を伝えるため、郷里へと向かった。しかし、このとき聖戒は念仏の真義をよく理解しなかったと伝えられている。第一期、六十万人への賦算という大事業を抱える一遍には、いくら教線拡張のためとはいえしばらく四国にとどまって聖戒をじっくりと教化する時間は許されていない。

やむなくかれは再び賦算の旅に出る。諸国を巡遊して、翌年再び四国に立ち寄った。もちろん聖戒を再度教化するためである。このときの一遍と聖戒とのやり取りの詳細は不明であるが、聖戒のその後の行動から見て、従兄の真意をくんで「決定往生六十万人」の賦算を約束したらしい。

従弟の聖戒を無事教化した一遍は九州に渡った。九州では有力者大友兵庫頭頼泰《よりやす》の帰依を受け、またのちに一遍の有力な後継者となった他阿真教《たあしんきょう》が弟子となった。

一遍は真教など数人の弟子とともに九州を出発し、伊予を経て備後にはいった。備後では一人の女性の入信があったが、これをきっかけに三〇〇人近くの人が信者となった。ここに時衆《じしゅう》が成立したのである。

「時衆」とはもともとそこに居あわせた人びとが形成する集団である。のちに「時宗」と書かれて一宗派のように思われるが、一遍自身宗派を確立しようという意志はなかった。念仏の同志が数人集まっておのずとできた集団が本来の時衆である。江戸時代の宗教統制によって一宗派と見なされるようになり、「時宗」と書かれるようになったのである。

さて、多くの同志を得た一遍は、弘安二年（一二七九）の春には、信者とともに京都に向かった。京都で賦算をしたのち、この年の秋にはかつて二河白道図を感得した信濃の善光寺に参詣した。善光寺参詣ののち、佐久郡伴野に行き時衆とともに念仏をとなえた。このとき、一遍は感きわまって念仏をとなえながら踊りだした。これが踊り念仏の始まりといわれている。

その後、東北地方を巡遊して弘安七年（一二八四）には再び京都にはいった。当時すでに一遍の名は広く知られており、札を求める人びとが一遍のまわりに殺到した。一遍は人の肩車に乗って、やっとのことで札を配ることができたという。京都でしばらくの間賦算をつづけ、多くの人びとに往生を約束した。

一遍像

最期の旅

京都をあとにした一遍は山陰路を経て、摂津《せっつ》、大和、播磨《はりま》と賦算の旅をつづけた。そして正応元年（一二八八）

には郷里の伊予にはいった。すでに五〇歳を過ぎていた一遍は長年の厳しい遊行生活で体力の消耗が激しかった。死期の近いことを悟ったであろうかれは、死ぬ前に今一度故郷の地を踏もうと考えたようである。

伊予での一遍は父如仏のゆかりの地を訪れたり、みずからが出家当時参籠した岩屋におもむいたりした。郷里で過ぎし日をなつかしみ、過去の足跡を確かめた一遍は、翌年、伊予をあとにして讃岐に向かった。

このころにはすでに体力の衰えが激しく、苦しい旅になった。しかし、生涯敬愛してやまなかった教信沙弥ゆかりの地である印南野《いなみの》を終焉の地と定めたかれは、一刻も早くそこへ行くことを望んでいたようである。ところが途中、信者に迎えられ和田岬の観音堂にはいり、ここで念仏をともにした。一遍は印南野行きを断念し、この観音堂を最期の地と決めたようである。

八月一〇日には『阿弥陀経』をとなえながら「一代の聖教皆尽きて、南無阿弥陀仏になりはてぬ」といって所持していた経典などをすべて焼き捨てた。文字どおり一所不住、無一物の捨て聖《ひじり》となった。

八月二三日の朝、時衆たちに踊り念仏をさせ、結縁《けちえん》たちに最後の念仏を授けた一遍は、五一歳の生涯を閉じた。怒涛のように諸国を経巡《へめぐ》り、波瀾に満ちた生涯とは対照的に法悦にひたった静かな最期だった。

part.4

仏教と習俗

―44 僧―

僧はサンガ、集団のことだった

釈迦は出家修行者の集団をサンガと呼んだ

僧は、サンスクリット語のサンガを音写したもので、僧伽とも書かれ、また意訳して和合僧《わごう》などといわれる（66頁を参照）。

元来は集団、集まりの意味であり、商工業者の組合や共和制の部族国家もサンガと呼ばれていた。また和合僧の原語サマグラ・サンガは平和の実現を理想とする団体というほどの意味である。

釈迦は成道《じょうどう》後、以前修行をともにしていた五人の修行者たちに説法をした。以来、この五人と行動をともにするようになった。ここに最初の僧伽が成立した。釈迦は出家修行者の集団をサンガと呼び、ひいては仏教教団全体をサンガと呼んだ。そしてサンガは紀元前三世紀のアショーカ王の時代のころより、もっぱら仏教教団を指すことばになったのである。

さらにこのサンガ（僧伽）は、三宝《さんぼう》（仏《ぶつ》・法《ほう》・僧《そう》）のひとつであり、仏教を構成する不可欠の要素として、崇拝の対象にもなる。すなわち、悟りをひらきその内容を明らかにした仏、仏の教えの内容である法、仏と法を信仰し、守り、実践し、伝え広めていく集団としての僧である。僧伽がなければ仏の教えは継承され、実践されない。この意味で僧伽は仏教を存立させる不可欠の要素として重要視されたのである。

中国・日本では階位が定められた

中国に仏教が伝わったのは紀元一世紀の後半である。それからしばらくの間、僧は西域やインドからやって来た外来人にかぎられていた。しかし、四世紀には公式に中国人の出家が認められ、僧伽が形成されるようになった。そして僧伽の規模が拡大すると、その統制のために僧正などの階位が官職として定められた。

日本における僧伽の成立もおおむね中国と類似の道をたどった。欽明天皇七年（五三八）に仏教が公伝したが、初期には外来人の僧が主流を占めていた。六世紀の後半から七世紀前半にかけて日本人の出家者もしだいに増加し、教団のかたちを整えるに至った。このため七世紀前半には僧正や僧都《そうず》の官職が設けられ、教団の秩序維持がはかられた。

しかし、正式に僧伽が形式を整えたのは七五四年に中国の鑑真《がんじん》が来朝して東大寺に戒壇を築き、正式な授戒が行なわれるようになって以降のことである。

中国や日本の僧伽は、インドの僧伽に準じたものであったが、比較的早い時期から、国家の監督統制を受けた官職として階位が設けられた。これは権力から超然とした位置を保っていたインドの僧伽とは大きく異なる特色である。さらに日本では中世以降、各宗派が独自の僧伽を形成するに至った。これもインドや南方仏教諸国には見られない特色である。

また僧とは本来出家者の集団の意味で、集合体を指す呼称だったが、中国では一人の出家者を僧と呼ぶ風習が生まれた。この風習は日本にも伝えられた。現在、わが国で僧といえば教団ではなく一人の僧侶を指すことは周知のとおりである。

このようなことばの意味の変遷は、インドはもとより南方仏教にも見られない現象である。そしてこのことは単にことばの意味の変遷にとどまらず、三宝のひとつとしての僧に対する概念を大きく変化させたのである。

――45　寺――

寺は中国で役所のことだった

精舎が寺のルーツ

「祇園精舎《ぎおんしょうじゃ》の鐘の音《こえ》……」。『平家物語』冒頭の有名な一説である。

釈迦の在世当時、仏教の修行者は集団で生活をしていた（↓僧）。かれらの生活の場を精舎といい、これが現在の寺のルーツである。釈迦の時代には富裕な在俗の信者が祇園精舎や竹林《ちくりん》精舎を寄進したことが伝えられている。釈迦が亡くなると、その遺骨をまつる仏塔が建てられ、在家、出家を問わず多くの人びとの礼拝の対象になった。

インドでは紀元前二世紀ごろから、アジャンターなどの石窟寺院がつくられるようになったが、これらの石窟寺院には仏塔をまつる塔院と僧侶の生活の場である僧院のふたつがある。中央アジアには石窟寺院が多くつくられ、中でもアフガニスタンのバーミヤンや敦煌《とんこう》の千仏洞などは有名である。

このように寺はしだいに生活の場としての僧院と礼拝の対象としての塔院を備え、伽藍《がらん》を形成するようになる。

寺は中国の役所だった

「寺」の呼称は中国に起源をもつ。中国ではほじめてインドから僧が来たとき、仮に鴻臚寺《こうろじ》という役所を接待交渉の場とし、のちに白馬寺を建てて住まわせたという。寺はもともと外交使節を接待する施設の意味で仏教には無関係であったが、最初に西域僧が滞在したことから僧侶の居住するところを寺と呼ぶようになった。

日本では仏教公伝（五三八年）のときに蘇我稲目《そがのいなめ》が、天皇から朝鮮渡来の仏像を譲り受けて私邸に安置した向原寺《むくはらでら》が最初の寺である（↓仏教伝来）。その後排仏派の物部氏との闘争をくり返しながら氏寺的な寺が建てられ、推古四年（五九六）には塔や金堂、講堂などの伽藍形式を備えた法興寺が飛鳥に建立された。この寺の建立は、蘇我馬子が物部守屋《もののべのもりや》討伐のために発願したものだった。

その後建築技術などの充実によりしだいに大規模な寺院も建てられるようになり、聖徳太子の発願によって四天王寺や法隆寺が建立された。

また、大化の改新以降は国ごとに国分寺が建てられ、寺院は律令国家の統制のもとにおかれた。奈良時代には興福寺をはじめとする南都七大寺《なんとしちだいじ》が栄え、平安時代になるとそれらに対抗するかたちで比叡山や高野山などが建立され、修学と修行の場として栄えた。

中世には、貴族の出家や武士の台頭によって寺にも世俗的権威がもちこまれ、本来の機能と趣旨はゆがめられた。さらに時代が下がって江戸時代になると、檀家制度のもと、完全に政治組織の中に組み込まれた。明治維新の神仏分離や第二次大戦などを経て、寺は経済的にも宗教的にも存立の危機にさらされたが、檀家《だんか》制度は命脈を保ちつづけ、今日多くの寺院の経済的基盤になっている。

本来、寺は出家の集団生活の場であったが、明治以降は僧侶の妻帯も公認され、今日一般の寺院は葬儀をはじめとする宗教的儀式の場であると同時に、住職を中心にした家族（寺族）の生活の場でもある。また住職は本来の趣旨に反して世襲が一般的となり、さまざまな問題を投げかけている。

しかし、一部の禅宗寺院などでは整然とした修行生活が行なわれており、ここに寺本来のすがたをとどめている。

46 火葬

日本の火葬は貴族から

インドでは火葬は太古から行なわれていた

インドでは土葬、火葬、水葬、風葬《ふうそう》の四種類の葬送方法があり、古くは平行して行なわれていたらしい。

火葬の起源は最古の聖典『リグ・ヴェーダ』の時代にまでさかのぼり、バラモン階級の間では古くから行なわれていた。もともと火葬は火神に供物として遺体を捧げ、死者の魂を火葬の煙とともに天界に導くことを目的としていたようだ。

時代が下がって仏教が興ると、仏教徒たちはまず釈迦の遺体を火葬によって葬った。これは歴史的な事実である。仏教徒は火葬を荼毘《だび》と呼んで、遺骨を崇拝してまつる風習が誕生した。釈迦の遺骨をまつった仏塔を中心にして信仰が興りそれが大乗仏教を形成する重要な一因になったことはすでに述べたとおりである(→大乗と小乗)。以降、仏教が伝播した国々には火葬の風習も広まった。日本にも仏教の伝来とともに火葬の風習が伝えられた。

日本最初の火葬は道昭

わが国で最初の火葬は文武四年（七〇〇）というから、仏教が伝来してから一五〇年余り経ってからのことである。道昭《どうしょう》という僧侶が遺言してみずからの遺体を火葬にさせた、という記録が見られる。

このの ち文武《もんむ》、元明《げんみょう》、元正《げんしょう》の三帝は相ついで火葬により葬られた。このため奈良時代には、僧侶のみならず貴族の間にも火葬が流行した。

平安時代にはいっても貴族を中心に火葬が盛んに行なわれた。また民間でも、京都などの都市には共同火葬場が設けられ、民衆の間にも火葬の風習が定着していたことをうかがわせる。さらに飢饉や疫病の際に発生した大量の死者を、河原などに集めて火葬にしたことも記録に残っている。

鎌倉時代以降も火葬の風習は日本の葬送儀礼の中に着々と定着していった。しかし、一方では土葬に対する根強い支持もあり、さらに江戸時代には、国学者や神道家の間に火葬を仏教の残酷な風習として排斥するものも多かった。

今日、都市部では土葬が原則禁止されており、ほとんどの葬送は火葬によって執り行なわれている。しかし、今でも農村部などでは土葬にするところもある。

―47 戒名―

仏門にはいると戒名をつけてもらう

戒名は中国起源

戒名《かいみょう》は元来、正式に戒を受けて仏門にはいったものに、俗名を改めてつけられる名である。一般にはもっぱら死者に贈られる名のように考えられているが、本来は生前に授戒《じゅかい》（戒を授ける儀式）を受けたものに与えられる名である（↓鑑真）。

インドでは、仏門にはいったものはすべて生前の姓を捨てて釈子《しゃくし》・沙門《しゃもん》を姓にした。そして名前の方は生前の名をそのまま名のったので、とくに戒名というべきものはなかった。

授戒を受けたものに戒名をつけるようになったのは中国においてであり、それが日本にも伝えられたのである。

引導を渡すとき戒を授ける

日本では仏教伝来当初から戒名がつけられ、聖武天皇も「沙弥《しゃみ》勝満《しょうまん》」という戒名をもっていた。

初期の戒名は出家したものにのみ授けられたが、のちに在家のものでも授戒を受けたものには戒名が授けられるようになった。

さらに、葬送儀礼の中で引導《いんどう》を渡すときに必ず戒を授けることから、生前に授戒を受けていないものにはこのときに戒を授けるようになった。この死後に贈られる戒名が、今日われわれが一般に認めているいわゆる「戒名」である。

戒名の構成――院号・道号・戒名・位号

通常、戒名というと短いものは六文字から長いものでは一三文字のものまである。九文字の戒名をサンプル的にあげれば次のようになる。

○○院△△□□居士

○○院は院号、△△は道号、そして□□が戒名、一番下が位号である。一般にはこれらを総称して戒名というが、正しくは位号のすぐ上の二文字が本来の戒名である。また道号は生前の姿を指すといわれ、戒名は死後の姿を指すといわれている。つまり現世の修行（行ない）の結果として与えられるのが戒名なのである。
院号の院はもともと、築地塀で囲まれた立派な屋敷のこと。したがって院号がついた人は亡くなっても立派な屋敷に住まうということになる。院号は、元来大名や武士などに与えられる格式の高いものだ。さらに将軍や大名には院殿号がつくが、これは最高位のもので、御殿のような壮麗な屋敷という意味である。

次に一番下につける位号は、男子には大居士・居士・大禅定《だいぜんじょう》・禅定門・信士・清信士が、女子には清大姉・大姉・大禅定尼・禅定尼・信女・清信女などがつけられる。また、男児には大童子・清童子・童子、女児には大童女・清童女・童女など、さらに嬰児《えいじ》には孩子《がいし》・嬰児・孩女・嬰女など、また流産や死産をしたものには水子の位号がつけられる。

院殿号を冠した場合には、男性ならば大居士、女性は清大姉など、院号の場合は、男性は居士、女性は大師が対応する。そして、院殿号や院号がつかない場合は信士や信女などが対応する。また、大禅定や禅定門、大禅定尼や禅定尼は仏門に入った者につけられる。

戒名の文字と宗派による特徴

本来の戒名である二文字のうち、上の一字は清字《せいじ》を使う。清字とは現実に存在する地名や災難とか死にまつわる縁起の悪い字以外の、めでたい、好ましい文字である。

また前述したように戒名は死後の姿を、道号は生前の姿をあらわす。すなわち生前の行ないや修行のさまが道号にあらわれ、その報いとしての姿が戒名にあらわされるのである。したがって道号と戒名はバランスがとれていなければならず、貧弱な道号に立派な戒名をつけたり、立派な道号に貧弱な戒名をつけたりすることは許されない。

次に宗派による戒名の特徴について簡単に触れておこう。

まず天台宗や真言宗では、梵字を冠することが多い。曹洞宗や臨済宗などの禅宗では、空の字や新帰元《しんきげん》などの字が使われる。さらに浄土宗では、誉《よ》号といって道号に誉の文字を用いるのが一般的である。また日蓮宗では、妙法蓮華経のうちの一字や日蓮の日の字をよく用いる。そして浄土真宗では、居士や信女などの位号はあまり用いない（なお浄土真宗では戒名といわず法名という）。

このように日本では戒名は宗派によって特徴があり、戒名よって宗派を判別することができる。

48 舎利
釈迦の遺骨を崇拝する

なぜ米を舎利というか

舎利《しゃり》は、サンスクリット語ではシャリーラといい、これを音写して舎利という。元来、身体の意味であるが、転じて遺骨、とりわけ釈迦の遺骨を指す。

釈迦が入滅したとき、その遺骨は八つに分骨されて各部族に分けられた。遺骨を持ち帰った部族は仏塔を建ててこれを手厚くまつった。ここに仏塔を中心とする信仰が芽生えたのである。

紀元前三世紀、全インドを統一して仏教にあつく帰依したアショーカ王は八つの仏塔のうち七つを掘り起こして、遺骨を分け、インド各地に仏塔を建立したという。

このように一体の釈迦の遺骨は、多数の仏塔に納められて崇拝を集めた。そして仏舎利が多くの仏塔に行きわたるためには、それを細かく粉砕する必要があった。その細かく粉砕された遺骨の形や大きさが似ていることから米のことを舎利というのである。米と骨の連想はあまり気味の良い話ではないが、釈迦の骨ともなれば、それを毎日いただくことはありがたくも、もったいない話である。稲作文化圏に住む仏教徒にとって舎利も米も同様に貴重でありがたいものということか。

舎利信仰

舎利に対する崇拝は、釈迦の遺骨を納める仏塔が建てられて以来見られる。この舎利崇拝はインド仏教においてしだいに盛んになり、各地に舎利を納める仏塔が建てられた。しかし、舎利の崇拝が広まるにつれて真骨を得ることは困難になってくる。そこで宝石やほかの遺骨、動物の骨や牙、石などが代用されるようになった。

舎利は熱心な祈願によって得られ、増殖さえするという信仰も生まれた。このような舎利信仰は中国にも伝えられて盛んになり、日本にも早い時期に伝来した。すでに『日本書紀』に舎利到来の記述があるほか、聖徳太子も舎利を得たことが伝えられている。またわが国に戒律を伝えた中国僧鑑真《がんじん》も、仏舎利をたずさえて来日した。これらの舎利は五重の塔や仏舎利塔を建てて納められ、舎利供養が行なわれたのである。またセイロンには古くから釈迦の歯が伝えられたといわれており、それを安置する仏歯寺は多くの人びとの崇拝を集めて有名である。

一方、一九世紀末にはペッペというフランス人がネパールとの国境近くで仏塔を発掘し、釈迦の遺骨と思われるものを発見した（↓釈迦の実在）。この遺骨は、当時インドを植民地支配していたイギリス政府によってタイ国などに贈られた。さらにこの遺骨の一部はタイ国から日本に贈呈され、明治三五年に各宗派合同で名古屋に日泰寺《にったいじ》が建立されて、ガンダーラ様式の宝塔に仏舎利が安置されている。

さらに戦後、世界仏教徒会議なども設立され、各国の仏教徒の交流が盛んになった。近年ではビルマ（現ミャンマー）やセイロン（現スリランカ）などからたびたび仏舎利が贈呈され、これらの仏舎利は、各地に建立されたビルマ風の仏塔（パゴダ）に安置されている。現在われわれは、いかにも異国風の白亜のパゴダを各所で見ることができる。そしてそこには多くの人びとが参詣し、仏舎利を崇拝しているのである。

――49 塔――

墓から塔へ

ストゥーパは墓だった

塔婆《とうば》はサンスクリット語でストゥーパという。それを音写して卒塔婆《そとば》といい、略して塔婆というのである。

日本で塔婆といえば、彼岸《ひがん》や年忌法要などのときに墓地に建てられる板塔婆《いたとうば》が一般的であるが、古代インドのストゥーパは土饅頭《どまんじゅう》型に盛り上げた墓のことだった。

この墳墓としてのストゥーパが、釈迦の死後しだいに記念碑的な性格をおびるようになる。釈迦が亡くなったとき、その遺骨は八つに分けられて、各地に遺骨や遺品などをまつる仏塔が建てられたという。そして紀元前三世紀ごろ、アショーカ王は八分された釈迦の遺骨を一ヵ所に集め、あらためて細分して八万四千の塔を建てたといわれている。八万四千というのは仏教で数の多いことをあらわすときに使う数字で、実数ではなく「無数」というほどの意味である。実数がいくつだったかはともかくとして、アショーカ王が相当多くのストゥーパを建立したことは史実のようである。法顕《ほっけん》の『仏国記《ぶっこくき》』や玄奘《げんじょう》の『大唐西域記《だいとうさいいきき》』などには、当時これらの塔のいくつかが存在していたことが記されている。

この時代を契機に盛んに建てられるようになった仏塔は、規模も大きくなり、釈迦の生涯やさまざまなエピソードを描いたレリーフなども施されるようになった。そして仏塔のまわりには多くの信者が集まり、仏塔は当初の墳墓から発展して、礼拝の対象、信仰の対象としての性格をもつようになった。

そしてこの仏塔に対する信仰が、のちに大乗仏教に発展する大きな原動力ともなっていったのである（→大乗と小乗）。

ストゥーパの伝播と形

インドで盛んに信仰された仏塔は、東南アジアや中国、朝鮮、日本に、さまざまに変容しながら伝わっていった。インドでは覆鉢塔《ふくばちとう》といってちょうどお椀を伏せたような形のものが一般的だった。インドでもっとも代表的なストゥーパはサーンチーの大塔で、現存している。これはアショーカ王がつくったものを紀元前二世紀に増築したものといわれ、覆鉢塔の典型的な形式を残している。ストゥーパは中国や日本に伝わるうちにずいぶん形が変わったが、五重の塔などの最上部の相輪《そうりん》といわれる部分にはサーンチーの覆鉢塔の原型をとどめている。

インドの覆鉢塔の形式は南方仏教諸国に伝えられた。ジャワ島の有名な仏教遺跡ボロブドゥールなどにはみごとな覆鉢塔が現存している。また中国にはいると五重の塔を二つ、三つ重ねたような木造の塔が多くつくられた。中でも玄奘三蔵が西安に建立した大慈恩寺の大雁塔《だいがんとう》は有名である。また朝鮮半島では多層の石造のものが多く、とくに新羅《しらぎ》の時代には十三重塔や多宝塔などかずかずのすぐれた石塔がつくられた。さらに日本では、すぐれた木造建築の技術を駆使して五重の塔や三重の塔、多宝塔などがつくられた。中でも法隆寺の五重の塔などは、飛鳥時代の傑出した作品として有名である。またこれらの塔の様式は墓石にもとり入れられ、現在でも古い墓には多宝塔や五輪塔などが多く見受けられる。

インド・サーンチーの仏塔

五輪塔は万物の基本的構成要素である地・水・火・風・空を丸や四角、三角などにかたどったものを積み上げたものである。現在もっともポピュラーな板塔婆の上部には数段の切込みがはいっているが、これは五輪塔の形を模したものである。

このようにインドに起源をもつストゥーパは、中国や日本に伝わって、さまざまな変容を遂げながらも発展してきた。そして中国や日本では大規模な塔が建立され、多くの信者の礼拝の対象となるとともに、寺院の伽藍《がらん》の不可欠な構成要素ともなった。またそれと同時に日本の墳墓に建てられた石塔のように、墳墓としての性格もとどめているのである。

板塔婆の起源は板碑

日本で卒塔婆といえば、誰もが細長い板に文字を書いた板塔婆《いた》をイメージするだろう。このような板塔婆はいつごろから普及したのであろうか。

板塔婆の起源は扁平な石に梵字などを刻んだ板碑《いたび》にある。この板碑は鎌倉時代から室町時代にかけて、とくに関東地方を中心に盛んにつくられた。建立の目的は追善が多いが、庚申塚《こうしんづか》や念仏供養に建てられたものも多い。これらの板碑は現在でも寺院の境内や路傍でよく目にする。現存最古の板碑は一三世紀初めのものが、もっとも新しいものとしては一六世紀末のものが知られている。

板碑の建立は室町時代にピークに達し、江戸時代になるとしだいに造立の数も減少してきた。そして江戸時代には板碑に替わって、現在われわれがよく目にするような板塔婆が普及してきたのである。板塔婆は上部に刻みを入れて、地・水・火・風・空の五輪《ごりん》（物質の構成要素）をあらわす。

板塔婆は死者の追善のために縁者が建立するのがほとんどで、一本の板塔婆を建てることによって堂塔を建立したのと同じ功徳があるといわれ、その功徳が死者に振り向けられて成仏の助けになるというのである。現在、板塔婆は春秋の彼岸や施餓鬼《せがき》のほか、一周忌や三回忌などの年回法要などに建てられる。

また木製の塔婆としては、板塔婆のほかに角塔婆などがある。角《かく》塔婆は一辺が一五～二〇センチメートルくらい、高さが三～四メートル、上部に五輪の切り込みを入れた角材で、四面に梵字や経文などを書いたものである。大きさは寺の規模などによっても異なるが、大きなものでは一辺が三〇センチメートル以上、高さも五～六メートルに達するものもある。この角塔婆は寺院の建築竣工を記念する落慶法要《らっけいほうよう》や新しい住職の就任の儀式である晋山式《しんざんしき》など、大きな法要のときに建立される。

板塔婆は五重の塔などとは随分形も異なり、規模も小さくなってまったく別物のように見える。しかし、板塔婆の上部に刻まれた五輪は、五重の塔などの先端にある相輪《そうりん》に通じ、それはまたルーツをたどればストゥーパの原型に行き当たる。そしてストゥーパがそうであったように、板塔婆もやはり死者の鎮魂のために建立される。インドから長い時間と距離を旅してきたストゥーパの形はかなり変容したが、その精神は脈々と受け継がれているのである。

このような板塔婆などと先にあげた相輪をもつ塔とは、形も大きさもずいぶん異なることから区別して考えられている。しかし、五重の塔などが相輪にストゥーパの原型をとどめているように、板塔婆は五輪の刻みにその原型をとどめているのである。

――50 お盆――

修行期間が終わったあとの会食

中国で盛んになった盂蘭盆会

われわれがお盆といっているのは盂蘭盆会《うらぼんえ》の略である。盂蘭盆はサンスクリット語のウランバナの音写で、倒懸《とうけん》とも訳される。原義は逆さに吊されるような非常な苦しみであるという。死者をこの苦しみから救うために供養するのが盂蘭盆会なのである。

もともとは安居《あんご》の終わった日に僧侶たちに飲食を供することを指した。安居とは雨期の間の修行期間で、インドでは四月一五日（一説に五月一五日）からの三ヵ月間、僧侶たちが僧院や洞窟に籠って修行をする習わしになっていた。日本でも禅宗では夏と冬の二回、安居を設けて修行している。

この盂蘭盆会がのちに転じて、祖先の霊を供養し、餓鬼に飲食を施す行事となったのである。『盂蘭盆経』という経典には、釈迦十大弟子のひとり目連が、餓鬼道に堕ちた母の苦しみを除くために供養したのが盂蘭盆会の起源であると説かれている。

『盂蘭盆経』は中国でつくられた偽経《ぎきょう》ともいわれているが、中国ではこの経典にもとづいて盂蘭盆会が盛んになり、それによって仏教が民衆の間に深く浸透していった。

日本では七世紀に始まる

日本では、斉明《さいめい》天皇三年（六五七）に飛鳥寺の西に須弥山《しゅみせん》の像を設けて供養したのがはじまりと見られている。そしてその翌々年の六五九年には、京内の諸寺に『盂蘭盆経』を講じさせ、以降宮中の恒例の公事として行なわれた。平安時代には毎年七月一五日に盂蘭盆会が行なわれ、天皇も礼拝したという。また諸寺においても盂蘭盆会がしだいに盛んになり、三界万霊を供養する風習が普及した。

鎌倉時代になると、餓鬼道に堕ちたものに飲食を施す施餓鬼会《せがきえ》を合わせて営むことも多くなった。施餓鬼会は元来、盂蘭盆とは別のものであるが、霊を供養するという観点から並行して行なわれたのであろう。室町時代には送り火の風習もおこり、民間行事として盂蘭盆の行事が普及した。

江戸時代になると、精霊棚《しょうりょうだな》を設けて祖先の霊をまつるようになり、またこの時代に檀家制度が確立したことから、菩提寺の僧侶を招いて棚経をする習慣も定着した。さらに盆踊りや閻魔講なども盛んに行なわれるようになった。

このように盂蘭盆会は民衆の間にもすっかり定着し、現代でも正月とならぶ二大年中行事として盛んに行なわれているのである。

盂蘭盆会と日本古来の習俗

盂蘭盆会は仏教の行事としてしだいに定着していった。

しかし、日本の民間の盆行事の中には仏教以前の民間の習俗も含まれている。どの民族にも祖先の霊を供養するという風習がある。日本でも仏教伝来以前から一定の時期を定めて祖先の霊をまつるということが行なわれていた。

もともと盆は祖霊が来臨するめでたい日とも考えられており、正月と同様祝いの行事としての側面も残している。迎え火や送り火を焚くのは正月のドンド焼きにも通じると見られる。また門松が神の降臨のよりしろであるように、盆に用いられる灯籠や提灯は祖霊来臨の目印とも考えられる。

このように日本の盆の行事は、日本古来の民俗と仏教の盂蘭盆が習合したものと考えられ、供物に生臭《なまぐさ》ものを供えるなど、仏教思想とは矛盾する側面も多く含んでいる。

また今でも地方によって「お盆様」などというが、この「盆」は盛物を入れる器の意味で使われる。これは中国で盂蘭盆が救済の器（盆）と解釈されたことに通じるが、学者によっては日本の盆は盂蘭盆の略ではないと見る向きもある。

──51　彼岸──

彼岸とは煩悩を断ち切った悟りの境地

彼岸は彼岸会の略

彼岸《ひがん》は、サンスクリット語ではパーラミターといい、波羅蜜多《はらみった》と音写される。われわれが煩悩に迷う現世を此岸というのに対して、煩悩を断ち切った悟りの境地（涅槃《ねはん》の境地）を彼岸というのである。また彼岸は悟りに到達した状態をいうので、到彼岸ともいわれる。

現在、われわれが彼岸というときは春分の日と秋分の日の前後七日間を指すが、これは仏教の彼岸の観念にもとづいて行なわれるようになった彼岸会《え》の略である。

浄土経典では、煩悩につつまれたこの世に対する彼岸は阿弥陀如来の浄土である。この極楽浄土は西方にあると考えられていた。このため中国で浄土教を信奉するものが、太陽が真西に沈む春分・秋分の二季を浄土（彼岸）に近づく特別な日と考え、この日の日没ごろに落日を拝んで阿弥陀仏の国を観想し、阿弥陀仏に親しむように説き勧めたという。これが彼岸会の端緒になり、日本にも伝えられた。大阪の四天王寺の彼岸会では、現在でも中日に落日を拝む風習があるが、これは中国の風習を受け継いだものと思われる。ただし、インドはもとより中国などでも彼岸に法要を営むなどの習慣はなく、これは日本独特のものである。

日本最古の記録は八〇六年

日本の彼岸会の起源は古く、聖徳太子の時代にまでさかのぼるといわれているが、『日本後紀』に、八〇六年の彼岸中日に僧侶に経を読ませたというのが記録に残る最古のものである。以来、彼岸会は盂蘭盆会とともに広く普及した。中世以降は暦にも彼岸を記すようになった。明治維新の神仏分離ののちには、春秋の彼岸は皇霊祭《こうれいさい》として国家の祭日となり、また第二次大戦後は春分の日、秋分の日と改められた。現在では春分の日と秋分の日の前後七日間、寺院では彼岸会の法要が営まれ、信徒は墓参をして先祖の菩提を弔う習わしとなっている。

このように日本の彼岸会の歴史は長く、もっとも民衆に親しまれる仏教行事として定着している。しかし、彼岸会の目的は単に墓参をすることにあるのではない。仏教では年に二回昼夜の長さが等しくなるこの日を「正時《しょうじ》」と称し、仏縁を得る最好時と考えて、この日に仏事を営むようになったといわれている。したがって彼岸会の真の目的は、日ごろの怠惰を反省し、精進して仏縁を得ることにあるといえるだろう。

——52 布施——

布施は修行のひとつである

布施は修行の根本である

「布施《ふせ》」とは何かと問われれば、お寺や僧侶に対する物や金銭の贈物、あるいは法事などに対するお礼と答える人が多いと思う。この答え自体は決してまちがいではない。手もとの国語辞典でも「僧侶などに金銭や品物をほどこし与えること。また、その金銭・品物」とある。だが、これだけでは正解ではない。

経典では布施は二つあるいは三つに分類する。仏教の信者が僧侶に財物を施す「財施《ざいせ》」、そして僧が信者に教えを説いて聞かせる「法施《ほうせ》」、以上の二施に、恐れる者に安心を与える「無畏《むい》施《せ》」を加えて三施という。先の国語辞典などの説明は、このうちの財施を説明しているにすぎない。つまり、布施という行為の半分、もしくは三分の一しか説明していないのである。しかも、この辞書の説明では、布施をすることの意義についてはまったく説明されていない。

大乗仏教において布施は修行の根本とされている。それは布施が、もっている者がもたざる者へ与えるという、善行の中でも基本となる行為だからである。仏教以外の宗教においても、布施ということばこそ使わないが、重要な善行として、行なうことを奨励している。仏教にかぎっていえば、菩薩の実践すべき六つの徳目をあらわす六波羅蜜でも、菩薩が人びとを悟りへ導く四つの方法をあらわす四摂事《ししょうじ》（四摂法）でも、その第一にあげられている。

しかし、布施が善行の第一だとすると、それは金持ちに有利な徳目であり、貧乏人には行なえないものだと思われるかもしれない。だが、それは布施が金品を与えることと思い込んでいるからである。布施するものは金品にかぎらない。自分がもっているもの、知恵ある人は知恵を、力ある人は力を、やさしさをもつ人はやさしさを、それをもたない人、求めている人に与えることが布施行なのである。先に述べた法施・無畏施を思いだしてほしい。

そして、さらに重要なことは、見返りを期待して行なうものは布施とはいわないということである。布施をする人、される人、授受される物の三者が清らかでなければならない、ともいわれる。その中でも布施を行なう人自身の無欲が強調される。それというのも、布施を行なうということは、物をむさぼる気持ちを捨て、他者を慈しむ気持ちを育てるための修行だからである。もし、布施に見返りがあったなら、それを望む気持ちが生じてしまい、修行にはならないだろう。

したがって、布施はお寺や僧侶にしてあげるものではなく、誰か自分以外の人へさせてもらうものなのである。もちろん、ただ施しを行なえばいいというものではない。修行が自己満足のための行為に終わらないために、布施される相手に対する慈悲心をもつことが必要である。自己を高めようとする意志と他者への慈悲心、これが布施という修行を動かす二つの車輪なのだ。

究極の布施は捨身

さて、釈迦如来や阿弥陀如来、観音菩薩なども厳しい修行を経て悟りをひらいたのであり、その過程においては数かぎりない布施行を行なってきたといわれる。釈迦の前世の修行を語るジャータカ（本生譚《ほんじょうたん》）という説話集にも、多くの布施行に関する話が載せられている。例えば、その名も布施太子という王子は、国の財宝を布施したばかりではなく、その子どもや妻までも布施してしまう。また、飢えた虎の親にわが身を投げ出した薩埵《さった》太子の「捨身飼虎《しゃしんしこ》」の話、真理をあらわす詩の一句を知るために羅刹に身体を捧げた雪山《せっせん》太子の「施身聞偈《せしんもんげ》」の話などもよく知られている。

右の話からもわかることだが、究極の布施とは自己自身を捧げること（捨身）である。『法華経』には仏の教えを供養するために、自分の身やひじを焼いた菩薩の話が書かれている。ベトナム戦争のころ、抗議の焼身自殺をしたベトナム僧侶のことが何度も報道されたが、かれらは平和のためにわが身を捧げるという最高の布施行を行なっていたのである。

――53 卍――

卍は「万字」である

卍は記号であり、文字である

卍《まんじ》は記号である。地図の記号の説明の欄を見れば、寺院を示す記号としてある。卍は漢字である。漢和辞典を引けば、十の部に記載されている。すなわち、卍は記号でもあり、漢字でもある不思議な「文字」なのである。

しかし、漢字というと違和感があるのではないだろうか。ちなみに手もとにある『新字源』(角川書店)によると、「仏書の万の字。卍のような形や紋所。入りみだれるさま。雪などの降るさま」と説明がある。あとの三つの説明はいいにしても、最初の説明がわかりにくいだろう。これは『岩波仏教辞典』の記述とあわせて読むとよくわかる。同書は「中国でこれを〈万字〉と呼ぶのは、西域で一〇、〇〇〇を表わす印が卍で」あるからだという。つまり、一万を表わす字＝万字、というわけである。

しかし、卍は数字もしくは数学的記号であったわけではない。話は古代インドにさかのぼる。

卍は吉祥であった

インドの古いことば、サンスクリット語では卍のことを「スヴァスティカ」といっていた。「吉祥《きっしょう》がある」というような意味で、「吉祥喜旋《きせん》」「吉祥海雲《かいうん》」などと意訳されることもある。このことばからもわかるように、卍は吉祥や瑞相《ずいそう》、すなわちめでたいことを象徴する図形と考えられていた。仏教では、仏の胸や足の裏にこの文様があるとするが、インドにおいては超宗教的に使われる象徴であって、ヒンドゥー教やジャイナ教も、ほぼ同様の意味あいでこれを使う。

この「まんじ」には、「右まんじ」と「左まんじ」の二種類がある。右まんじは「卐」であり、左まんじは「卍」である。この二つは特に区別されないことも多いが、例えばインドにおいては、右まんじは男性原理をあらわし、左まんじは女性原理をあらわすとしたり、右が生で左が死を意味するとすることもある。日本で通常使われている「まんじ」は左まんじである。

ところで、「卍」という形象は、インドにかぎらず世界の各地の遺跡・遺物において見ることができる。ギリシアのメアンデル紋というのはその中でも有名なものであり、ほかにもメソポタミア、古代ローマ、仏教伝来以前の古代中国などにおける卍紋の使用が知られている。

こうして広い地域で卍紋が使われたということの背景には、どうやら卍紋が世界的に共通する象徴性をもっていたということがあるらしい。それは太陽光線や渦、運動の象徴であり、同じく世界的な象徴形象である十字と深い関係があるようだが、ここでは深入りしない。

ナチスの右まんじ

アト・ド・フリース著の『イメージ・シンボル事典』（大修館書店）から、西欧における「卍」の象徴性について引用しておこう。

「太陽を表す。（略）戸口の上方に書かれ火事のお守りになる。邪眼に対するありふれた魔除けである。（略）神秘の中心を表す。（略）増加、成長を表し、幸運、春の太陽、白魔術を表す。逆まんじ（右まんじのこと、引用者注）では崩壊、暗黒、死を表し、不幸、秋の太陽、黒魔術、ナチス・ドイツを表す。（以下略）」

右の引用では右まんじと左まんじについて混乱があるのではないかとも思えるが、ナチスのシンボル、ハーケンクロイツが右まんじであることは確かである。しかし、このナチの鉤十字は、必ずしも西洋の伝統の中から出てきたのではないようである。澁澤龍彦氏は『秘密結社の手帳』の中で次のようなエピソードを紹介している。

ナチスに影響を与えた神秘学者にヤン・ハヌッセンという人物がいる。かれはツーレ・グループという神秘学の結社を指導していたが、これにヒトラー、ヒムラー、ゲーリンク、モレルらが参加していたというのである。ハヌッセンはこのグループのシンボルとして、ヒンドゥー教の逆まんじを採用した。これがナチスに引き継がれることになったのである。

その後ナチスがドイツばかりかヨーロッパを席巻したこと、ユダヤ人の虐殺という歴史的な暴虐を行なったこと、それらにまんじのシンボルがどのように関係していたかはわかっていない。

――54　仏像の色――

仏像の金色は色でなく光

釈迦如来は金色相

現在、われわれが日本で目にする仏像の色は、まさに古色蒼然としたものが多い。われわれ日本人は仏像といえば枯淡な色彩との認識が働き、またそのような落ち着いた色でなければありがたみがないという意識も強いのではないだろうか。しかし、創建当初の仏像はもっとカラフルなものだったに違いない。仏像作製の基本を示した儀軌《ぎき》（約束ごと）には仏像の細かい作製方法と同時に、色についても事細かな規定がなされている。

本来の仏はどんな色なのだろうか。今日われわれは釈迦如来から観音菩薩、帝釈天などにいたるまで、およそ寺院に安置してある像を仏像といい、仏さまと呼んでいる。しかし、初期の仏教では釈迦如来だけが礼拝の対象となり、もともと仏像は釈迦の姿を写したものだった。したがってまずこの釈迦如来の色が仏の基本の色となるだろう。

それではこの釈迦如来像の色は何色なのだろうか。インドでは古くから、まれにしか世にあらわれない偉人の特徴というものが伝えられていた。これが仏教に受け継がれ仏の三十二相という特徴にまとめられた。その中に色に関する特徴がいくつかあげられている。

身体については金色相《こんじきそう》と定められている。つまり仏の皮膚の色は金色だというのである。このことから日本の仏像も多くは金箔をおしたり、金メッキをしたり、あるいは純金でつくられた仏像まである。タイやビルマなどの上座部仏教の国々では、仏像といえば釈迦如来像を意味するので、その多くはまばゆいばかりの金色に輝いている。

ほかの如来も釈迦にならう

時代が下がって大乗仏教の時代になると、釈迦如来のほかに阿弥陀、薬師、大日などの如来が誕生して仏の仲間入りをした。そしてこれらの如来たちも金色につくられたのである。

色あせてはいるが、法隆寺金堂の釈迦三尊像、唐招提寺金堂の盧遮那仏像《るしゃなぶつぞう》などは今も金色をはっきりととどめている。また薬師寺金堂の本尊である薬師如来像などは幾度かの火災のため、現在では銅が露出して黒光りしているが、奈良時代前期の創建当初は美しい金色に輝いていたといわれている。

さらに大乗仏教で特徴的な存在に菩薩がある。菩薩は悟りに到達しているものの、あえて悟りの世界におもむくことなく、俗世にとどまって人びとを助けるといわれている。菩薩は釈迦の修行時代の姿といわれ、どちらかといえば如来の補佐役的な存在で、三尊像などでは脇侍として如来につき従う。

例えば釈迦三尊像では、向かって右側に文殊《もんじゅ》菩薩、左側に普賢《ふげん》菩薩が従う。この場合の両菩薩は、釈迦如来と同じく金色につくられる。また単独の像でも金色の菩薩は多い。唐招提寺の千手観音菩薩像、東大寺の不空羂索《ふくうけんじゃく》観音菩薩像など、今では金箔が剥落《はくらく》してはいるものの建立当時の輝きをとどめている。また、大阪観心寺の如意輪観音像などは、金色に輝く美しい仏像として有名である。

このように金色の菩薩像は多く見ることができるが、菩薩像が何色かはとくに規定はないようである。しかし、大乗仏教において菩薩の存在がクローズアップされて大衆の人気を集めるようになると、如来と同じ霊験、威徳を備えたものとして金色につくられるようになったのだろう。

金色の仏像がいつごろからつくられるようになったかはわからないが、日本に仏教が伝来したとき、百済《くだら》から金の仏像が贈られたといわれている。したがって金の仏像は、六世紀当時すでに朝鮮半島で盛んにつくられており、それ以前に中国でつくられていたのだろう。

金色は色でなく光

仏は智慧の力で全世界、全宇宙をくまなく照らし出すという。とすれば仏の真の色はまばゆいばかりの光の色である。それは色彩としてとらえることのできるものではなく、色彩を映し出す純粋な光そのものということができるであろう。それを色彩にたとえれば金色ということになるのではないだろうか。

京都の浄瑠璃寺には九体の阿弥陀仏が安置されている。阿弥陀堂の正面にはおのおのの阿弥陀仏の顔のところに窓が開けられている。あたりが闇につつまれたころ、池をはさんで阿弥陀堂を望むと、慈愛に満ちた九体の阿弥陀仏の顔が浮かび上がる。そのおごそかさは単に黄金色というよりも、あたりを照らす尊い光体にたとえられる。それが真の仏の色ということができるだろう。

金剛界曼荼羅（部分）

カラフルな仏は密教の影響

さまざまな色の仏像が出現したのは密教の影響が大きい。密教は文字どおり秘密の教えで、その奥義はことばでは表現できないという。そのため視覚的なもので説明するという基本姿勢をとり、その究極が曼荼羅《まんだら》にあらわされている。曼荼羅は、深遠な密教の教理をビジュアルに表現した一大絵解きなのである。

この曼荼羅とともに明王など、密教独自の仏も出現した。そして密教において尊像の数がいちじるしく増し、これらの像の製作方法に関しても独自の儀軌を発展させた。尊像の色に関しても細かい規定がなされたのである。

また密教はインド仏教の最終段階であらわれたもので、その中にはヒンドゥー教の儀礼や神々がとり入れられているといわれる。ヒンドゥー教はインドの国民的宗教で、その起源は古く、史実をさかのぼることは困難である。しかし、その中の神々は古くから神像につくられており、それが不動明王などをはじめとする密教の像にも影響を与えたと見ることができる。

密教のビジュアル的傾向とヒンドゥー教などの影響を受けて、仏像はますますカラフルになっていったということができるだろう。

仏教国の中で密教がもっとも盛んな国はチベットである。チベットの仏たちは、実にカラフルな毒々しいまでの彩色が施されている。比較的落ち着いた色彩を好む日本人には理解しがたい色ではあるが、ここに密教の仏の色のひとつの典型を見ることができる。

不動明王の色

さて日本でも人気の高い不動明王の色を見てみよう。中心に主尊の大日如来を据え、東南西北にそれぞれ阿閦《あしゅく》如来、宝生《ほうしょう》如来、阿弥陀如来、不空成就《ふくうじょうじゅ》如来がいるというのが密教の世界観である。そして上記の五如来はそれぞれ不動明王、降三世《ごうざんぜ》明王、軍荼利《ぐんだり》明王、大威徳《だいいとく》明王、金剛夜叉《やしゃ》明王に身を変えて衆生を教え、導くといわれている。

もともと不動明王などは、慈悲に満ちた金色の仏がいくら説き聞かせても導くことの困難な悪心のものを導くためにこの世に遣わされた仏の化身である。

そのため、恐ろしい忿怒《ふんぬ》の形相をし、さまざまな武器をたずさえて、有無をいわさず邪悪な人間にいうことを聞かせるのである。身体の色は一般に青黒い色をしている。この膚《はだ》の色は、ヒンドゥー教の影響を色濃く受けていることはまちがいないだろう。ヴィシュヌ、クリシュナなどというヒンドゥー教の代表的な神々もまた同じように青黒い色をしている。

また一説にこの青黒い色は、インドの先住民の膚の色をあらわしたものともいわれている。インドの先住民はアーリア人の侵入によって征服され、長い間苦難の生活を強いられてきた。不動明王は大日如来の化身としてこの汚辱《おじょく》に満ちた民族の中にはいり込み、救われがたい人びとを力ずくで教化したのである。

不動明王の青黒い皮膚は、インドの先住民にとって隣の雷親父的な親近感をおぼえる色だったのかもしれない。

さてこのほか日本では、赤不動、黄不動、青不動というのがある。赤不動は、高野山明王院蔵の円珍《えんちん》感得と伝えられる全身赤色の画像である。黄不動も円珍感得と伝えられる画像で、園城《おんじょう》

不動明王像

寺《じ》の秘仏の国宝である。また青不動は、青蓮院《しょうれんいん》蔵の画像で国宝の逸品。平安時代末期のもっとも儀軌にかなった傑作である。

四天王の色

四天王とは持国天《じこくてん》、増長《ぞうちょう》天、広目《こうもく》天、多聞《たもん》天の総称で、それぞれ東南西北を護る。もともとインドの神だったが、のちに仏教に帰依して仏教を守護するようになった。この四天王の像容や色について、種々の経典にくわしく説かれているのでそれをあげてみよう。

まず持国天は、身体の色は緑青色で、髪は紫色。増長天は身体は赤紫、髪は紺。広目天の身体の色は肉色で、髪の毛は赤。多聞天は身体が青黒色で、髪は紫となっている。この身色と髪色をした上にものものしい鎧《よろい》をつけて武器などをもつ姿は、まさに見るものを圧倒してしまう。この広い宇宙でさまざまな外敵に立ち向かうにふさわしいものとして考え出されたのが四天王の姿なのであろう。

実際の作例は必ずしも経典の記述と一致しないものも多い。しかし、薬師寺東院堂や興福寺金堂に安置された四天王像は、比較的経典に忠実につくられた傑作である。

　さて最後に、ある経典に仏の肌の色に関するちょっと変わった説があるので、これを紹介しておこう。

　釈迦が修行時代に山中で修行中、その山にはたくさんの鷲がいて獣を捕らえては食べていた。釈迦は鷲が日々殺生をすることを大いに憂えたが、殺生をやめれば鷲は飢えて死んでしまう。そこで一計を案じた釈迦は、鷲たちに自分の身体をついばむように勧めた。以来、無数の鷲たちが毎日釈迦の身体をついばんだ。釈迦の皮膚には血がにじみ、紫がかった色になった。それで仏の肌は紫がかった肌色になってしまったのだというのである。

　自己を犠牲にして他を救う、いかにも大乗仏教的な逸話である。

●仏教史略年表

BC五〇〇

釈迦誕生（BC四六三～三八三）

BC四〇〇

BC三〇〇

アショーカ王の治世（BC二六八～二三二）

BC二〇〇

BC一〇〇

中国に仏教伝わる（BC二年、諸説あり）

インドで大乗仏教興起（紀元前後）

〇

ガンダーラ、マッラーで仏像が造られ始める（AD一世紀末）

AD一〇〇

中観派（空の思想）の祖、竜樹（インド、一五〇～二五〇頃）

二〇〇

瑜伽行派の創始者弥勒（インド、三～四世紀頃）

三〇〇

瑜伽行派の無着、世親（インド、四～五世紀頃）

朝鮮に仏教伝わる（三七二）

四〇〇

五〇〇

日本に仏教伝来（五三八）

菩提達磨が中国に禅を伝える（五七二）

天台大師智顗により天台教学大成（中国、五七五）

四天王寺建立（日本、五九三）

六〇〇

聖徳太子「十七条憲法」制定（日本、六〇四）

玄奘三蔵が入竺求法（中国、六四五年帰国）

最初の遣唐使派遣（日本、六三〇）

チベットに仏教伝わる（六四〇頃）

善導（六一三～六八一）浄土教の教理を確立（中国）

密教の根本経典『大日経』成立（インド、七世紀後半）

七〇〇

金剛智、善無畏、インドから中国に至り密教を広める（七二〇頃）

東大寺大仏完成（日本、七五二）

鑑真来朝、律宗を伝える（日本、七五三）

八〇〇

最澄・空海が入唐（八〇四）

九〇〇

源信『往生要集』を著す（九八五）

一〇〇〇　末法思想の流行（日本、一〇五二）

一一〇〇　栄西、臨済宗を伝える（一一九一）
法然が浄土宗を開宗（一一九八）

一二〇〇　浄土真宗の開祖親鸞が法然門下に入る（一二〇一）
宋より帰国した道元が曹洞宗を伝える（一二二七）
日蓮宗開宗（一二五三）
一遍の時宗が確立する（一二七四）

一三〇〇

一四〇〇

一五〇〇　織田信長が比叡山を焼討ち（一五七一）

一六〇〇　江戸幕府、本山末寺制度を定める（一六三一）
江戸幕府、寺請制度を実施（一六三五）
隠元が来朝して黄檗宗を開く（一六五四）

一七〇〇

一八〇〇　神仏分離令により廃仏毀釈が始まる（一八六八）
寺請制度廃止、僧侶の肉食妻帯を許す（一八七二）

●参考文献

『インド・中国・日本　仏教通史』平川彰著　春秋社
『インド仏教史』（上下）平川彰著　春秋社
『仏教・インド思想辞典』早島鏡正監修　春秋社
『ゴータマ・ブッダ――釈尊の生涯／原始仏教Ⅰ』（中村元選集第一巻）中村元著　春秋社
『一遍と時宗教団』大橋俊雄著　教育社歴史新書
『最澄・空海』「日本の仏教思想」渡辺照宏編　筑摩書房
『親鸞』「日本の名著6」石田瑞麿編　中央公論社
『仏教要語の基礎知識』水野弘元著　春秋社
『源信』「日本の名著4」川崎庸之編　中央公論社
『講座東洋思想・仏教思想Ⅰ・Ⅱ』宇野精一・中村元・玉城康四郎編　東大出版会

あとがき

キリスト教には全知全能のヤーウェの神がいる。そして、イスラム教には絶対神のアラーの神がいる。これらの神の前で、人間はいかにも矮小である。圧倒的な神の前で、人はその無力を思い知らされる。だから、最後には自力は意味をなさない。

これに対して仏教は元来、神のいない宗教である。今から約二五〇〇年前、釈迦は偉大な悟りを開いた。悟りの内容について語ることは難しいが、要するに万人が幸せに暮らせる道を発見したと言うことができる。釈迦はその道を語ったことに仏教は始まるのである。

そして、偉大な悟りを開いた釈迦は神ではない。われわれ（凡夫）と同じ、人間としてこの娑婆世界に生まれ、厳しい修行をし、最後には菩提樹の下に座って深い瞑想に入り、ついに悟りの境地に達したのだ。

キリストはヤーウェの神の預言者（神の言葉を伝えるもの）であって、どんなに厳しい修行をしても全知全能の神にはなれない。ところが仏教の開祖である釈迦はわれわれと同じ人間なのである。

このことは、われわれ凡夫も釈迦の説いた教えに従って生きれば、やがては悟りを開くことができるということである。釈迦は万人が悟りを開くことができる方法を教えたのである。

その方法とは何か。一つは戒律に従って生きるということである。戒律は仏教の根幹をなす実践で、これを守ることによって人は精神が純化され、純粋な善なる者になるという。戒律というと堅苦しいが、簡単に言えば良い生活習慣を守ることだ。

たとえば、早寝、早起き。子どもでも分かることだが、これがなかなか守れないのだ。釈迦は性善説に立った上で、人間の本性を良く良く観察した。人は放っておけば放逸《ほういつ》（気儘《きまま》な生活）に走る。そのことを悟った釈迦は戒律を定めて人を善なる方向へ向かわせようとしたのだ。悟りは自ら獲得するものである。その意味で仏教はその本質においては絶対的な自力の教えなのである。

近年の学者は悟りを開くことを「人格の完成」という。われわれはさまざまな欠点を持っている。その欠点が苦しみの原因になる。欠点がなく、完璧な人格を備えれば、何ごとにも執着することなく、常に平安な気持ちでいられる。永遠の幸福ということができるだろう。そこに至る方法、プロセスを説くのが仏教である。

仏教は決して難しいことを要求しているのではないが、先に述べた早寝早起きにしても実践することは難しい。しかし、弛《たゆ》まず努力（精進）すれば、必ず先が見えて来る。

むかし、中国の禅僧が説いた言葉に、詩人が「そんなことは三歳の子どもでも分かる」といった。これに対して禅僧は「三歳の子どもでも分かっても、八〇歳になっても実践するのは難しい」と返した。戒律は他人の弱点を突いている。その弱点を強化すれば人格は完成する。

小著ではそんな仏教の教えのほんの一部をご紹介した。それが読者諸賢の人生の一助となれば幸いである。

小著はかつて株式会社創元社から刊行したものに多少の加筆訂正を加えたものである。

平成二三年　盛夏

瓜生　中

瓜生　中（うりゅう　なか）
1954年、東京に生まれる。早稲田大学大学院修了（東洋哲学専攻）。仏教・インド思想関係の研究、執筆を行ない、現在にいたる。
著書は『知識ゼロからのお寺と仏像入門』（幻冬舎）、『はじめての仏像鑑賞入門』（ベスト新書）、『死んだら何処へ行くのか』『仏像がよくわかる本』（以上、ＰＨＰ文庫）、『知っておきたい日本の神話』『ブッダの言葉 生き方が変わる101のヒント』（以上、角川ソフィア文庫）、『一度は見ておきたい仏像100選全図像』（静山社文庫）など多数ある。

仏教入門《ぶっきょうにゅうもん》——インドから日本まで

平成23年 9月10日 初版第1刷発行 ©

著　者　瓜　生　　中
発行人　石　原　大　道
印刷所　三協美術印刷株式会社
製　本　株式会社 越後堂製本
発行所　有限会社 大法輪閣
東京都渋谷区東2－5－36 大泉ビル2F
TEL (03) 5466-1401(代表)
振替 00130-8-19番

ISBN978-4-8046-1324-6 C0015 Printed in Japan